キャッシュレス・イノベーション

決済手段の進化と
海外事情

財務省財務総合政策研究所 ［編］

柳川範之	酒巻哲朗
淵田康之	藤木　裕
渡辺智之	木村遥介
小部春美	上田大介
小見山拓也	井上　俊
奥　愛	佐野春樹
中尾　睦	笠原基和

一般社団法人 金融財政事情研究会

はじめに

　財務総合政策研究所は、財政および経済に係る課題について研究を行っている。2018〜2019年は、近年、多くの国で飛躍的に進展しているキャッシュレス化をテーマとした「デジタル時代のイノベーションに関する研究会」を開催し、諸外国を含め、キャッシュレス化の進展の状況・態様を把握し、検討課題等について整理した。

　研究会の座長は柳川範之教授（東京大学大学院経済学研究科）に引き受けていただき、委員として、藤木裕教授（中央大学商学部）、淵田康之シニアフェロー（株式会社野村資本市場研究所）、渡辺智之教授（一橋大学大学院経済学研究科）にご参加いただいた。

　本書は研究会報告書の各論文を3つのカテゴリーに分けて収録している。1つ目は支払手段の多様化について、座長及び委員等の専門的知見をふまえた論文集、2つ目は海外のキャッシュレス化の状況とその課題について現地調査をふまえて明らかにした論文集、3つ目は海外で進展しているデジタル化の動きに関する海外からの寄稿論文である。

　本書は、日本の現状や海外事情を分析するにとどまらず、日

本で進展しているキャッシュレス化の先にある社会を議論するための素材を提供している。ぜひ、多くの方に読んでいただきたい。

2019年11月　　　　　　　　　**財務総合政策研究所**

目　次

| 総　論 | キャッシュレスの動きと
今後のイノベーション | 1 |

柳川　範之　　東京大学大学院経済学研究科教授

I　支払手段の多様化

| 第1章 | デジタル経済の進展と
支払手段の多様化 | 17 |

酒巻　哲朗　　前財務省財務総合政策研究所副所長

| 第2章 | キャッシュレス化と
決済サービスの変化 | 53 |

淵田　康之　　株式会社野村資本市場研究所シニアフェロー

| 第3章 | キャッシュレス化が進んだ
場合の金融政策の論点 | 95 |

藤木　裕　　中央大学商学部教授

| 第4章 | キャッシュレス化の政策的
インプリケーション | 117 |

渡辺　智之　　一橋大学大学院経済学研究科教授

| 第5章 | キャッシュレスの
普及に関する考察 | 153 |

木村　遥介　　財務省財務総合政策研究所総務研究部研究官

Ⅱ 支払手段の多様化と各国の動き

第6章 スウェーデン及びドイツにおける キャッシュレス化の現状と課題 173

小部 春美 前財務省大臣官房審議官兼財務総合政策研究所 副所長

第7章 スウェーデンの動向 197

上田 大介 財務省財務総合政策研究所総務研究部主任研究官

小見山拓也 前財務省財務総合政策研究所総務研究部研究員

井上 俊 財務省財務総合政策研究所総務研究部研究員

第8章 ドイツの動向 227

奥 愛 財務省財務総合政策研究所総務研究部総括主任 研究官

佐野 春樹 財務省財務総合政策研究所総務研究部研究員

第9章 韓国の動き 251

中尾 睦 前財務省財務総合政策研究所副所長

奥 愛 財務省財務総合政策研究所総務研究部総括主任 研究官

井上 俊 財務省財務総合政策研究所総務研究部研究員

Ⅲ　デジタル化が進む中でのイノベーションの動き

| 第10章 | シンガポールにおける
デジタル化の進展 | 277 |

　　笠原　基和　前金融庁総務企画局企画課信用制度参事官室課
　　　　　　　　長補佐（在シンガポール日本国大使館一等書記
　　　　　　　　官）

総　論

キャッシュレスの動きと
今後のイノベーション

柳川　範之[1]

1　東京大学大学院経済学研究科教授

要　旨

　キャッシュレス化の動きに、近年大きな注目が集まっている。この総論では、キャッシュレス化の意義と課題、そして各国の取り組み状況などについて、本書の各章で説明されている内容を概観している。

　そのうえで、キャッシュレス化の本質は、単に現金支払いに伴うコストが削減できるという点にはなく、キャッシュレス化によって、新たなデータを事業者側が得られるようになる点を強調している。もっとも、そのデータをどのように利活用するのが、問題のない形でのイノベーションにつながるのかはまだ不透明性がある。しかし、各国もその動きに対して迅速な対応をとってきており、日本も変化を先取りしながら規制や制度を設計し、必要に応じて修正をしていくアジャイル的な制度設計の発想が重要と指摘している。

2　総論　キャッシュレスの動きと今後のイノベーション

1．デジタル経済におけるキャッシュレス

　デジタル化の進展によって、近年、キャッシュレスという言葉が大きく注目されるようになってきた。しかし今までも、すべての支払いが日銀券だけで行われてきたわけではない。クレジットカードは日常的に使われてきたし、スイカ等の前払い式の電子マネーを使って決済されているケースも少なくなかった。また、中央銀行と金融機関との間の決済は、完全に電子化されており、ある意味ではキャッシュレスが既に実現している。したがって、今注目されているキャッシュレスあるいはキャッシュレス化というのは、主に小売り段階において、今まで以上に、現金を使わない形での支払いをどこまで可能にしていくかという意味で使われることが多い。

　このようなキャッシュレスの動きが注目されるようになった背景には、大きく二つの側面が考えられる。一つは、中国やスウェーデンなど、海外において実際にかなりキャッシュレス化が進展している国が現れてきたことである。そして、もう一つは、キャッシュレス化を進めることによって、現金の取扱いにかかるコストが大きく削減できること、そして今までにないデータを得られるメリットが生じると認識されてきたことである。

　特に、後者のメリットの方は、単に金融事業者のみならず、商品・サービスの提供者にとって今までにないデータが得られ

るメリットがあり、それがより望ましい商品やサービスの提供という形で、消費者のメリットにもなる可能性がある。しかしながら、まだその将来像が明確ではないという側面もあり、デジタル化の動きにあまり慣れない消費者や、現金を使いたいと考える消費者にとっては、キャッシュレス化をどこまで進めるべきかについては懸念の声もある。したがって、メリットを単純に判断するのではなく、メリット・デメリットの詳細について分析・検討が必要になる。

その際、単純にキャッシュレスといっても、さまざまな形態があり、影響やインパクトも異なることに注意が必要である。上で述べたようにクレジットカードや電子マネーの利用は今までにもあったキャッシュレスの方法であるが、近年はQRコード決済が注目を集めている。ただし、実態上重要なのは、このような機能別の分類よりは、キャッシュレスの結果として、誰がどのような情報やデータを把握することになるのか、また決済上のリスクを誰が負担することになるのか、という面での違いである。なぜなら、それらの違いによって、それぞれのビジネスの可能性が大きく変化するし、場合によっては金融システムやマクロ経済に与えるインパクトも変わってくる可能性もあるからである。

金融システムやマクロ経済にどのようなインパクトをどの程度与えるかについては、現状ではかなり意見が分かれている。日本では、あまりドラスティックな変化が生じていないこともあり、その影響は限定的なものだと主張する論者もいる。ただ

し、海外で生じている大きな変化を考えると、日本でも一度進展すると大きな動きになる可能性もあり、それに対する備えとして、しっかりと分析・検討をしておくことは必要だろう。

2．本書における主な論点

以上のような問題意識に基づいて、本書ではキャッシュレス化に関する多様な論点を扱っている。全体としては、三部構成となっており、第Ⅰ部では、キャッシュレス化がどのように進展し、どのようなインパクトを経済に与え得るかについて、主に理論面から検討を行っている。第Ⅱ部では、海外で生じているキャッシュレス化の動きについて、各国の実情を踏まえながら、解説・分析を行っている。そして第Ⅲ部では、より広い意味でのデジタル化の動きについて検討している。

第1章では、日本におけるキャッシュレス決済の実情について、データを用いて概観するともに、キャッシュレス決済の普及が、経済に与える影響について分析している。キャッシュレス決済の実情については、一般的には国際的にみて、キャッシュレス化が進んでいないと考えられている日本であるが、銀行口座間決済を含めて考えると必ずしも低いとは言えないこと、また通貨流通高のGDP比を指標として、キャッシュレス化の国際比率を行うと、価値貯蔵手段としての現金需要が含まれるため、各国のマクロ経済動向を反映してしまう面があることが示されている。

総論　キャッシュレスの動きと今後のイノベーション　5

そして、キャッシュレス決済の普及が、経済に与える影響については、事業者にとって、消費行動に関するデータを得ることができ、それを利用した新たなビジネスの展開や現金管理のコストが節約できるというメリットがある一方、金融制度、競争政策、個人情報保護等の制度の見直しがそれに合わせて必要であり、また、サイバー犯罪や災害時等の非常時に対する備え等も必要となることが指摘されている。

　第2章では、キャッシュレス化のプロセスについて、歴史的な経緯とともに詳細に説明されている。キャッシュレス化はまず銀行預金の登場によって本格化し、その後、ノンバンクが主導したクレジットカードや電子マネーの普及、そして近年、FinTechの決済サービスも台頭した結果、それが一段と進展する時代に入っていることが語られている。また、このような発展段階を、すべての国がたどるとは限らず、国ごとにキャッシュレス化の発展プロセスは異なっていることが説明されている。

　そして、このような決済サービスの担い手の多様化を受けて、多くの国では、決済法制を見直すなど、決済改革を推進するための制度的対応が行われているが、それらは各国の状況に応じて異なっていることが説明され、今後の日本における改革の方向性が議論されている。

　第3章においては、デジタル通貨に関する分類を行った後に、中央銀行がデジタル通貨を発行した場合に、金融政策および金融システムにどのような影響があるかを検討している。こ

6　総論　キャッシュレスの動きと今後のイノベーション

こでは、中央銀行のデジタル通貨発行は、万が一将来導入された場合どのような影響があるかという思考実験だと断ったうえで、マイナス金利政策と相性が良い可能性や、金融システムの安定性については、プラスマイナス両方の可能性があること等が議論されている。

　また、キャッシュレス化の度合いを決める要因についても実証的考察を行っていて、日常的支払いにおける現金と中央銀行デジタル通貨との代替は定量的に小さな要因であるものの、退蔵されている現金と中央銀行デジタル通貨との代替は定量的に大きな要因であることが示されている。日常取引における現金利用額は現金流通総額のごく一部と思われるので、中央銀行デジタル通貨が現金を駆逐するかどうかは、退蔵現金がどの程度中央銀行デジタル通貨と交換されるか次第であるとされている。

　第4章では、キャッシュレス化あるいはキャッシュレス決済の進展が、どのような意味をもつのかを掘り下げている。ここでは、キャッシュレス化の推進によって実現すべき政策目標は何かと疑問を投げかけ、キャッシュレス決済の普及によって可能になる情報の利活用をどのように進めるのかが、政策的により重要であることが強調されている。そして、政府部門においても、マイナンバーカードの仕組みを利用した電子マネーを発行することを考え、公共サービス供給の効率化に資するようなデータ活用の可能性を検討すべきだとしている。

　第5章では、キャッシュレス化がもたらす産業構造への影響

総論　キャッシュレスの動きと今後のイノベーション　7

について、両面的市場モデルの概念を用いながら検討している。ここでの主な検討対象は、クレジットカード市場である。クレジットカード会社は、対消費者という市場と、対事業者という市場の二つの市場に直面しており、消費者にとって、使える事業者（加盟店）が多ければ多いほど、そのカードの利便性が大きくなり、事業者（加盟店）側にとっても、そのカードを支払手段として利用する消費者の数が多ければ多いほど、そのカードに加盟するメリットが大きくなるという間接的ネットワーク効果が存在する。この特性が、いわゆるプラットフォーム企業の特徴の一つであるという点を用いて、特徴的な価格戦略が用いられる等の性質が説明されている。

　もっとも、キャッシュレス決済事業者がすべてクレジットカード会社と同じような状況に直面しているとは限らないため、他の決済事業者が直面している問題に即した議論も展開されている。

　第6章から第9章までの第Ⅱ部では、各国のキャッシュレス化の動きが説明されている。まず、第6章ではスウェーデンおよびドイツのキャッシュレス化の動きが解説されている。同じEU加盟国でありながら、スウェーデンは、キャッシュレスの先進国として知られており、一方ドイツは日本と同様に比較的、現金の支払いが好まれる国という認識が、一般的にはなされている。ここでは、その実態を解説し、どのような経緯で、このような違いが生まれてきたのかを分析するとともに、現状の問題点が整理されている。

8　総論　キャッシュレスの動きと今後のイノベーション

特にスウェーデンについては、スウェーデンにおける現金需要の減少傾向が続く背景として、銀行口座を中心としたデビットカード及びモバイル決済の利用が個人に普及した一方、犯罪対策等を目的に公共交通機関、金融機関による現金取扱が抑制されたこと等もあって金融機関が現金の取扱を減少させ、市場主導のキャッシュレス化が進行したと指摘している。

　この結果、現金の利用がしにくい状況が生じ、現金の利用可能な社会を維持する必要性が指摘されるに至り、金融機関に現金の取扱を義務づける等を内容とする立法が提案されている。また、併せて中央銀行によって、現金を補完する電子的な中央銀行マネーの制度設計が検討途上にあること等が説明されている。なお、スウェーデンの現状と関連して、米国における現金受取拒否を禁止する立法やAmazonが完全キャッシュレス店舗において現金による支払を認める等の動きを始めたこと等も紹介されている。

　第7章では、第6章を受ける形で、スウェーデンにおいて、どのようにキャッシュレス化が進み、そして、現在どのような課題に直面しているのか、キャッシュレス化の進展に関する、詳細な解説と分析が行われている。

　一方、第8章では、ドイツのキャッシュレス化の動きが、詳細に説明されている。ドイツのキャッシュレス比率は日本より低く、現金が比較的多用されている国であることがデータで示され、その現状と理由等が分析されている。その一方、ドイツにおいても、デビットカードを中心にキャッシュレス決済の動

きは広がってきている点も紹介されている。ただし、変化のスピードは比較的ゆっくりであり、人々の現金に対する認識の違いが、それぞれの国でのキャッシュレス化のスピードに影響を与えている点が示されている。また、ドイツだけでなく、他のユーロ圏内におけるキャッシュレス化の現状についても整理されている。

　第9章は、韓国の実情が紹介されている。韓国はかなりキャッシュレス比率が高い国であることがデータによって示され、その理由が分析されている。まず、政府がアジア通貨危機からの打開策としてクレジットカードの普及を政策的に主導したことが大きかった点が指摘されている。また、中央銀行のコインレスへの取り組みや国と地方公共団体による新たな政策であるQRコードを用いたゼロペイの導入など、政府等が主導してキャッシュレス化等を進めている実情が紹介されている。ただし、韓国でキャッシュレスが普及した背景には、地政学的なリスクへの備えとも関連していることから、その政策を単純に日本に当てはめて考えるのは適当ではなく、韓国固有の事情を含めて、キャッシュレス化の動きを分析していく必要があると指摘されている。

　第Ⅲ部の第10章では、シンガポールの実情が紹介されているが、ここでは狭い意味でのキャッシュレス化の動きに留まらず、デジタルイノベーションを進めるシンガポールの取組が紹介、分析されている。シンガポールは2014年来、Smart Nation（スマート国家）構想を掲げ、「デジタル経済」、「デジタル政

10　総論　キャッシュレスの動きと今後のイノベーション

府」、「デジタル社会」をキーワードに、多角的な視点から様々な取組みを推し進めていることが説明されている。新たな成長戦略としてデジタル技術の活用が意識されており、そのためでもFinTechが重要な分野として位置付けられている点が明らかにされている。キャッシュレス化もそのような一連の動きの中で、重要な要素と位置づけられていることが示され、シンガポール政府の積極的な取り組みが紹介されている。

3. キャッシュレスの動きと今後のイノベーション

　以上、みてきたように各国でもキャッシュレス化の動きがみられ、そのスピードは国によって異なっているものの、今後検討していくべき重要な課題であることは間違いない。ただし、キャッシュレス化といっても、文字通り、完全にキャッシュが使われないあるいは使えない社会の実現は、現金の利用を好む人がいることを考えると、あまり現実的なゴールとはいえないだろう。実際には、キャッシュを使わないで支払いが行われる比率を高めていく動きと捉えるのが、適切であろう。

　その際、比率を高めることについて、どこまで政府が主導すべきなのか、あるいは政策によって誘導すべきなのかについては、慎重な検討が必要であろう。このような新しいイノベーションの動きは、民間からのアイディアが主導していく場合が多い点を重視するとすれば、政府が過度に介入すべきではない

という意見もあり得るだろう。

　しかしながら、決済に関しては、様々な法制度が既に民間の活動に関係しており、何より中央銀行券の発行自体が民間によって行われているわけではない。このような点を考えると、少なくとも民間のイノベーションを阻害しない形での、適切な規制や制度を構築する必要があるという点は、ほとんどの人にとって異論のないところだろう。その際、重要になってくるのは、スピード感であろう。他の章でも説明されているように、この分野の技術革新のスピードは速く、それに迅速に対応しようとしている国も少なくない。日本においても、いかにスピード感をもって、適切な規制や制度を構築するかというのは大きな課題だろう。

　ただし、現状でやや不透明なのは、キャッシュレス化に伴うデータ利活用の方向性である。冒頭にも述べたように、このデータ利活用を通じて、キャッシュレス化は大きなイノベーションにつながっていく可能性がある。したがって、いかにデータ利活用をより有意義な形で推進するかが、大きなポイントとなる。しかしながら、今のところ、どのようなデータ利活用が可能になり、どう大きなインパクトを持ち得るのかはまだあまり明確でなく、想像の域を超えていないビジネスも少なくない。そのため、どうもキャッシュレス化のメリットが十分に伝わりにくいという面もある。また、どのような規制や制度が必要なのかについてのコンセンサスも得られにくい。

　とはいうものの、技術革新のスピードが速いことを考える

と、利活用の姿やイノベーションの方向性が明確になってきてから、規制のあり方を議論していたのでは、世界の動きに取り残されかねない。したがって、この分野において重要なことは、規制や制度も変化を先取りしながら設計し、必要に応じて修正をしていくアジャイル的な制度設計の発想ではないだろうか。

I

支払手段の多様化

第1章

デジタル経済の進展と
支払手段の多様化

酒巻　哲朗[1]

1　前財務省財務総合政策研究所副所長

要　旨

　デジタル経済における重要なイノベーションとして、現金を用い
ない支払手段である「キャッシュレス決済」が増加している。日本
は国際比較指標でみてキャッシュレス化が進んでいないと評価され
ているが、頻繁に使われる2つの指標のうち、①通貨流通高の
GDP比には価値保蔵手段としての現金需要が含まれ、その動向は
マクロ経済環境が影響すること、②消費に占めるキャッシュレス決
済額の割合を示す「キャッシュレス決済比率」には、日本で普及し
ている銀行口座間送金が含まれていないことなどに留意する必要が
ある。一方、キャッシュレス決済に用いるカードの保有枚数は国際
的にみても多く、決済手段の普及に比べて実際の利用状況は低調で
あり、利用が増加する余地は大きいと考えられる。

　キャッシュレス決済の普及は消費者の利便性を高めるとともに、
事業者にとっても消費者行動に関するデータを利用した新たなビジ
ネスの展開や現金管理に要する時間・労力の低減などが期待されて
いる。一方、イノベーションと利用者保護を両立させる金融制度、
競争政策、個人情報保護などの制度の見直し、サイバー犯罪や災害
時など非常時への備えなど様々な課題への対応も必要となる。

18　Ⅰ　支払手段の多様化

1. はじめに

デジタル経済の進展の中で、個人の日常の支払手段について、情報通信技術を用いた「キャッシュレス決済」が世界的に拡大している。クレジットカード、デビットカード、電子マネーといった従来のキャッシュレス決済に加え、これらの機能がスマートフォンで利用可能となり、新たな技術を用いることで利便性が高まっている。また、いつ、誰が、どこで何を買ったかという、具体的な消費者行動に関するビッグデータをより広範に収集できる可能性があり、その分析を通じたイノベーションが期待されていることなどを背景に、様々な業種から決済サービスへの新規参入が相次いでいる。

海外では、例えば中国の大都市やスウェーデンでは現金を使わない生活が一般的になっているといったエピソードが注目される一方、日本では依然として現金志向が強く、国際比較指標でもキャッシュレス化が進んでいないと評価されている。しかし、国際比較指標にはいくつかの留意点があり、それらを踏まえて現状を確認することが重要である。

キャッシュレス決済の普及は消費者、事業者に様々な影響を及ぼすが、利便性の向上だけではなく、利用者に不利益が生じる可能性や、様々なリスクの存在も指摘されている。キャッシュレス化に伴うイノベーションを活かしていくためにも、そうした課題に対応していく必要がある。

第1章 デジタル経済の進展と支払手段の多様化 19

以下、2．ではキャッシュレス化の基本的な指標の検討を通じて日本の現状を確認する。3．では消費者サイド、事業者サイドへの影響や対応すべき諸課題を整理する。4．は簡単なまとめである。

2．国際比較からみた 日本のキャッシュレス化の現状

(1)　通貨流通高

　キャッシュレス化の国際比較を行う際、通貨（紙幣及び硬貨）流通高のGDP比と経済産業省「キャッシュレス・ビジョン」で示された「キャッシュレス決済比率」の2つの指標が頻繁に用いられている。

　まず、通貨流通高の名目GDPに対する比率をみると（図表1）、日本の数値は最近は2割程度と他の先進諸国と比べて突出して高く、しかも近年上昇傾向にある。しかし、時系列的な推移をみると、近年、現金比率の上昇はユーロ圏や米国など他の多くの国・地域でもみられている。比較した国の中ではスウェーデンのみが傾向的に低下する特徴的な動きを示しており、最近は1％台前半まで低下している。

　日本の数値について1980年以降の長期的な動きをみると（図表2）、1980年代には6～7％で推移していたものが、90年代に入って上昇し始め、2000年代前半に横ばいで推移したもの

20　　I　支払手段の多様化

図表1　通貨流通高の名目GDP比

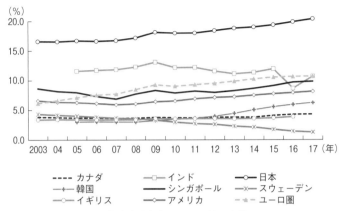

(注)　紙幣及び硬貨の年末残高を名目GDPで除した値。
(出所)　BIS "Red Book statistics for CPMI countries"

図表2　日本の通貨流通高GDP比の長期的推移（平均残高）

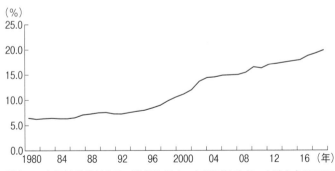

(注)　日本銀行券発行高及び貨幣流通高の年間平均残高の合計を名目GDPで除した。平均残高を使用していることなどから、図表1とはやや数値が異なる。
(出所)　日本銀行「通貨流通高」、内閣府「国民経済計算」

の、現在に至るまで一貫して上昇している。こうした動きは低金利を背景とした価値保蔵手段としての現金需要の増加を反映している可能性がある[2]。

　通貨流通高の名目GDP比には価値保蔵手段としての現金需要が含まれ、その動向はマクロ経済環境の影響を受ける可能性があることに留意する必要がある。

⑵　キャッシュレス決済比率

　図表3に経済産業省「キャッシュレス・ビジョン」で示されたキャッシュレス決済比率（2015年）を支払手段ごとの内訳とともに示した。この指標はBIS統計から採ったクレジットカード、デビットカード、電子マネー[3]の決済額を世界銀行が提供するSNAベースの家計最終消費支出で除したものであり、消費のうちキャッシュレスな手段で決済された比率を表すと考えられる。これによると、日本の数値は20％程度と諸外国と比べて低い水準にある。内訳については韓国、アメリカ、カナダではクレジットカード、欧州ではデビットカードの比率が高いなど、国ごとに違いがみられる。

　この指標は統一した定義による数値で国際比較ができる利点がある一方、取引実態に照らすと検討を要する点もある。図表4は「キャッシュレス・ビジョン」の説明を基に、日本の場合

2　「退蔵現金」に関する詳しい検討は、第3章「キャッシュレス化が進んだ場合の金融政策の論点」を参照。
3　「電子マネー」はプリペイド式の電子的な決済手段を指す。

22　Ⅰ　支払手段の多様化

図表3 キャッシュレス決済比率とその内訳（2015年）

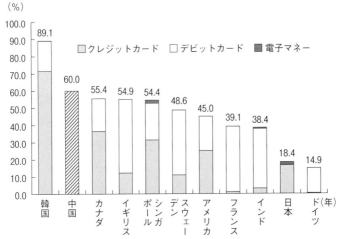

(注) デビットカードにはディレイドデビットカードを含む。中国はBetter Than Cash Alliance のレポートによる。中国は分類が異なるため合計比率のみ表示している。
(出所) キャッシュレス決済比率は経済産業省「キャッシュレス・ビジョン」（2018年）、内訳及びシンガポールの値はBIS "Statistics on payment, clearing and settlement systems in the CPMI countries" 及び世界銀行 "World Bank national accounts data, and OECD National Accounts data files"より試算。

を念頭に計算方法を整理したものである。分子のキャッシュレスな支払金額に銀行口座間送金やスマホアプリ等による仮想的な資金口座を通じてデータをやり取りする支払いは含まれないといった点や、分母の消費額にSNAの定義に基づき実態として支払行為が無い「持家の帰属家賃」が含まれるといった点に留意する必要がある[4]。日本では日常の決済において銀行口座

第1章 デジタル経済の進展と支払手段の多様化 23

図表4　経済産業省「キャッシュレス・ビジョン」（2018年4月）
　　　　におけるキャッシュレス決済比率の計算方法

○キャッシュレスの定義…物理的な現金（紙幣・貨幣）を使用しなくても活動できる状態。

○キャッシュレス決済比率（2015年）

$$18.4\% = \frac{\begin{array}{c}キャッシュレス支払手段\\による支払金額\\（電子マネー（注）＋カード\\（デビット、クレジット））\end{array}}{\begin{array}{c}国の家計最終消費支出\\＜約300兆円＞\end{array}}$$

（注）　プリペイド方式のうちIC型電子マネーが対象。

　　　専業系：楽天Edy

　　　交通系：SUGOCA、ICOCA、
　　　　　　　PASMO、Suica、Kitaca

　　　流通系：WAON、nanaco
　　　　　　　（日本銀行「決済動向」より）

（データ出所）　世界銀行「Household final consumption expenditure（2015年）」及びBIS「Redbook Statistics（2015年）」の非現金手段による年間決済金額から算出。

＜分子について＞
×銀行口座間送金を含めていない
×仮想的な資金口座を通じたデータをやり取りする支払い（スマホアプリ等）は含まれない

＜分母について＞
×中古品、スクラップの純販売額（販売額－購入額）は控除
×土地と建物はこの項目に含まれない
○自己所有住宅の帰属家賃は計上＜約50兆円＞
○農家における農作物の自家消費は計上
○賃金俸給における現物給与等は計上

（注）　経済産業省「キャッシュレス・ビジョン」より財務省財務総合政策研究所で整理したもの。
（出所）　財務総合政策研究所にて作成。

4　これらの点について「キャッシュレス・ビジョン」では、分子の銀行口座間送金については各国の正確な統計の取得が実現された際には分子として扱うことは重要であり、スマートフォンアプリ等での仮想口座間の資金移動による支払金額等についても統計値を捕捉することが必要としている。また、分母の「持家の帰属家賃」については、国際的に網羅的な比較は困難であるが、我が国単体のキャッシュレス決済比率の算出においては、当該項目を除外することも考えられるとしている。

図表5 金融機関口座保有率

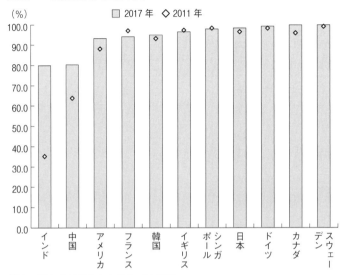

(注) 個人を対象としたサンプル調査。
(出所) World Bank Group "Global Findex database 2017"

間送金が普及しており(後述)、一方、「持ち家の帰属家賃」が大きな金額に上るため、仮にこの点を修正すれば指標にも相応の影響があると考えられる。

先進国では金融機関口座は100％に近い水準(日本は2017年時点で98％)まで普及しており(図表5)、キャッシュレス決済の現状を把握する上で金融機関口座の役割に着目することは重要である。日本ではデビットカードの利用は少ないものの、日常の支払いで銀行口座間送金が広く使われていると考えられる。日本銀行の「生活意識に関するアンケート調査」によると、日

図表6　日常で使う現金以外の決済手段

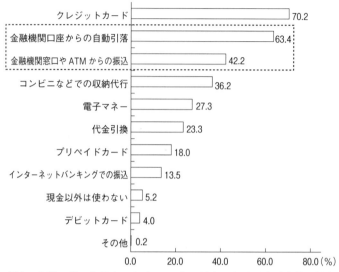

（注）　全国の満20歳以上の個人4,000人に対する郵送調査（有効回答率54.0％）。「あなたが日常生活で使っている現金以外の決済手段は何ですか」という問への回答（複数回答）。
（出所）　日本銀行「生活意識に関するアンケート調査」（第74回、2018年6月調査）

常的に使われる現金以外の決済手段として「金融機関口座からの自動引落」「金融機関窓口やATMからの振込」も多く挙げられている（図表6）。

銀行口座間送金を含めたキャッシュレス決済比率の例として、公益財団法人NIRA総合研究開発機構が2018年に実施した「キャッシュレス決済実態調査」の試算においては、日本の数値は約50％となっている（図表7）。本調査では、品目別に直

図表7　NIRA総研「キャッシュレス決済実態調査」におけるキャッシュレス決済比率の計算方法

○ キャッシュレス決済比率（注1）

$$51.8\%（注2）＝\frac{現金を利用しない\ すべての決済手段\ により支払われた\ 消費支出の合計}{全体の消費支出（全国消費実態調査）}$$

＜分子について＞
○銀行口座間送金は含まれる
○スマホアプリ等を活用した支払いは含まれる

＜分母について＞
×帰属家賃は含まれない
○中古品は含まれる

銀行口座間送金13％内訳
・口座引き落とし 10.5％
・インターネットバンキング 1.4％
・キャッシュカード振込 0.9％
・給与天引き 0.2％

（注1）　アンケート調査で得られた購入時の支払方法ごとの人数の比率に、全国消費実態調査（2014年）の支払金額を乗じて、支払方法別の支出額を算出。
（注2）　51.8％＝クレジットカード31.4％＋銀行間送金13％＋プリペイド式マネー5％＋デビットカード0.8％＋FinTechサービス0.7％＋仮想通貨0.1％＋その他現金以外0.8％
　　　　※下線太字は、キャッシュレスビジョンにおけるキャッシュレス比率の算出には用いられていないと思われる決済手段。

（注）　公益財団法人NIRA総合研究開発機構「キャッシュレス決済実態調査」より財務総合政策研究所で整理したもの。同調査はインターネットを通じたアンケート調査（有効回答数3,000、2018年8月実施）。
（出所）　財務総合政策研究所にて作成。

近の支払いに用いた支払方法を聞き、支払方法ごとの人数の比率に全国消費実態調査（2014年）の対応する品目の支払金額を乗じて支払方法別の支出額を計算し、これを基にキャッシュレス決済比率を試算している。

キャッシュレス決済比率51.8%のうち、銀行口座間送金の比率が13%となり、銀行口座間送金を含めることで全体のキャッシュレス決済比率が押し上げられている。クレジットカード決済の比率（31.4%）は、実際の決済金額に基づくクレジット協会の数値よりもやや高めになっている[5]。

その他、金融庁が3メガバンクの銀行口座のうち個人の給与受取口座等からの出金状況を2017年について検証した資料によれば、5割以上は口座振替・振込により出金されており、現金（キャッシュ）での出金は5割を下回っている[6]。

以上を踏まえると、銀行口座間送金を含めれば、日本のキャッシュレス決済比率はより高い水準にあると考えられる。

(3) キャッシュレス決済手段の保有状況

図表8は、クレジットカード、デビットカード、電子マネーの発行枚数を人口で除し、一人当たり保有枚数を計算したものである。これをみると、日本のカード保有枚数の合計は8枚を超え、国際的にも高い水準にある。一方、(2)で見たように、これらのカードを用いた実際の決済金額は国際的に低い水準にあ

---

[5] 同調査の報告書では、調査のサンプルバイアス等によりクレジットカード決済比率が若干高めとなっている可能性を踏まえ、日本全体のキャッシュレス決済比率は50%を若干下回る水準である可能性が高いとしている。また、各人が支払った金額を調査している訳ではないことに留意が必要としている（pp.12〜13）。

[6] 金融審議会「金融制度スタディ・グループ」（平成30事務年度第3回）資料。「本資料は参考資料として作成したものであり、記載内容やデータの正確性・完結性を保証するものではない」としている。

図表8　種類別のカード保有枚数（一人当たり枚数、2016年）

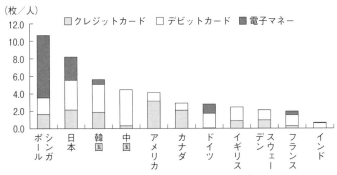

（注）　デビットカードにはディレイドデビットカードを含む。
（出所）　BIS "Red Book statistics for CPMI countries"

る。クレジットカード、デビットカード、電子マネーについて見た場合、日本では支払手段は普及しているものの、実際の利用は限定的であり、利用が増加する余地は大きいと考えられる。

(4) 日本の最近の動向

実際に、日本のキャッシュレスな支払手段による決済額は近年増加傾向にある。図表9にクレジットカード、デビットカード、電子マネー7のカード発行枚数と決済金額を示した。クレ

7　電子マネーはプリペイド式の決済手段のうちIC型の電子マネーが対象。調査対象先8社（専業系：楽天Edy、交通系：SUGOCA、ICOCA、PASMO、Suica、Kitaca、流通系：WAON、nanaco）から提供されたデータを集計したもの。交通系については乗車や乗車券購入に利用されたものは含めていない。

図表9　種類別カードの発行枚数と決済金額

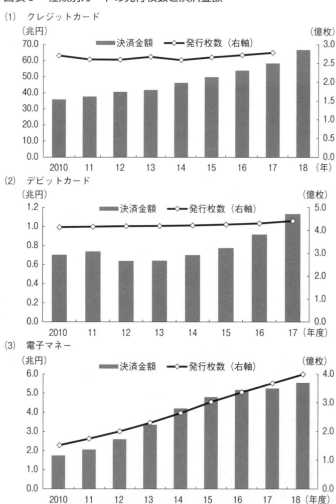

(注) クレジットカードの決済金額は暦年ベース、発行枚数は年度末。
(出所) 日本銀行（2018）「キャッシュレス決済の現状」（決済システムレポート別冊シリーズ）、日本銀行「決済動向」、日本クレジット協会「クレジット関連統計」

ジットカードの決済金額はeコマースの拡大などを背景に増加傾向にある。デビットカードの決済金額は横ばいで推移していたが、近年増加している。デビットカードの利用が比較的大きく増加している背景として、国際的なクレジットカード・ブランドと連携した国際ブランドデビットカードを発行する銀行の増加がある。電子マネーによる決済金額は最近では伸びが鈍化しているが、発行枚数は増加傾向が続いている[8]。

3．キャッシュレス決済の普及に関する指摘と対応すべき課題

(1) キャッシュレス決済の普及に関する指摘

① 消費者への影響

キャッシュレス決済の普及により、消費者は、現金管理に要していた労力が不要になり、店舗での支払いに要する時間が短縮されるといった直接の影響があるだけでなく、決済と連動した様々なインターネットサービスを利用することにより生活の利便性が向上する可能性もある。

キャッシュレス決済として、クレジットカード、デビットカード、プリペイド型の支払手段である電子マネー、金融機関

8　日本銀行（2018）「キャッシュレス決済の現状」（決済システムレポート別冊シリーズ）「２．キャッシュレス決済手段別にみた最近の動き」を参考に記載。

第1章　デジタル経済の進展と支払手段の多様化　31

口座からの振込・自動引落しなどが提供されてきたが、近年はこれらの機能がスマートフォンで提供されたり、店舗での支払い時にコンタクトレス決済の技術やQRコードを用いるなど利便性が高められている。

最近、日本でも決済サービスへの新規参入が相次ぎ、非常に多くの種類のキャッシュレス決済手段が提供されているが、
・使用する技術による決済時間や手続きの簡便さの違い
・プリペイド型か、クレジットカード又は銀行口座に紐づけられているか
・利用額の上限がいくらか
・利用可能な店舗がどのくらいあるか
・個人間送金など様々な機能に対応しているか
などの点でそれぞれ相違があり、使い勝手も異なっている。

また、インターネットにより物品・サービス販売、通信サービス、金融サービスなどを総合的に提供する事業者が、その基盤としてキャッシュレスな決済サービスを独自に提供する場合も増えている。消費者は決済と併せて様々なサービスを利用することで、より豊かな消費生活を実現できる可能性がある。

一方、日本の消費者は現金志向が強いと言われ、現金支払いに利便性を感じている消費者も多いと考えられる。日本銀行が実施した「生活意識に関するアンケート調査」によれば、日常生活の支払いに現金を使う理由については、「その場で支払いが完了する」、「多くの場所で利用できる」、「使いすぎる心配が少ない」などの回答が多かった（図表10）。キャッシュレス決

32　I　支払手段の多様化

図表10　日常生活の支払いに現金を使う理由

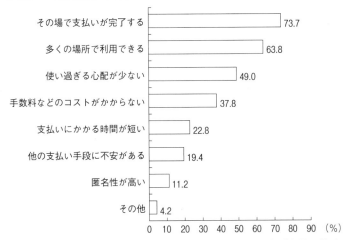

(注)　全国の満20歳以上の個人4,000人に対する郵送調査（有効回答率52.3％）。「日常生活の支払いに現金を使う理由は何ですか」という問に対する回答（複数回答）。
(出所)　日本銀行「生活意識に関するアンケート調査」（第73回、2018年3月調査）

済の普及には、消費者サイドにおいて、こうした特性を持つ現金に対してそれ以上の利便性が感じられる必要がある。また、後段(2)で述べるような様々な課題への対応によって消費者の不安を取り除くことも重要である。

② 事業者への影響

　キャッシュレス決済を提供する事業者にとっては決済に伴い収集される消費者の購買データの分析に基づくイノベーションが、実際に決済が行われる店舗においては現金管理に要するコ

ストの削減などが期待されている。銀行セクターにとっても、キャッシュレス決済が普及すればATM網の維持などに要する現金管理コストの抑制につながる可能性がある。

インターネット上でオンライン・ショッピング、検索サービス、ソーシャル・ネットワーキング・サービス（SNS）など様々なサービスが提供されているが、その過程で消費者の属性、行動に関する膨大な情報が収集される。そうしたビッグデータをAI等で分析することで、消費者個々のニーズに応じた広告の提供など消費者への効率的なアプローチを実現したり、例えば個人の属性や過去のサービスの利用状況から個人の信用力を判定して融資を行うなど、新たなビジネスへの展開も始まっている。キャッシュレス決済手段の提供を通じて、消費者の購買行動に関するより具体的な情報を収集・活用できる可能性があり、様々な業種から決済サービスへの参入が相次いでいる一つの背景となっている。キャッシュレス決済は、新たな成長分野として期待されているFinTech（＝情報技術を用いた新たな金融サービス）の重要な柱と位置付けられている。

小売店や飲食店などキャッシュレス決済サービスを利用する事業者にとっては、サービスの利用によって現金管理コストの削減が期待される。実店舗では、営業終了後のレジの現金残高確認や、銀行への現金授受など、現金管理に相応の時間・労力が必要となっており、そうしたコストが削減できれば生産性の向上や人手不足対策にも資する可能性がある[9]。また、キャッシュレス決済サービスの導入に伴って得られる情報を消費者へ

の効率的なアプローチに利用できれば、新たな需要の開拓につ
ながる可能性もある。

　一方、キャッシュレス決済手段の導入に伴い、店舗側では手
数料や端末設置費用など新たなコストが発生することになる。
現金と異なり、入金までにタイムラグが存在することも店舗側
の負担になりうる。また、顧客の現金支払が全く無くならない
限り、一定程度の現金管理コストが残ることにも留意が必要で
ある。キャッシュレス決済の普及には、実店舗が現金管理コス
トを認識し、キャッシュレス決済導入のメリットが感じられる
ような状況が作り出される必要がある。

　低金利を背景に銀行が預金から得られる収益が減少している
ことから、銀行は預金サービス提供に関するコスト削減を進め
ており、その一環として店舗・ATM網の見直しが進められて
いる。ATMについては銀行間の共同化や提携ATMへの切り
替えといった取組みが進められており、銀行ATM数は減少し
てきている[10]。銀行セクターにとって、キャッシュレス決済の
普及は店舗・ATM網の維持に係るコスト削減に資する可能性
もある[11]。

9　経済産業省の「キャッシュレス・ビジョン」では、現金支払インフラ
　の維持のために年間約1兆円を超える直接コストが発生しているという
　野村総合研究所の試算が示されているが、そのうちレジ締等の現金関連
　業務の人件費は約5,000億円と試算されている。
10　2000年代以降、金融機関ATMが減少傾向にある一方、コンビニATM
　数の増加により、全体のATM数は増加してきている（「日本銀行
　(2019)」BOX 7「リテール決済分野におけるデジタライゼーションと
　銀行業への影響」図表B 7 - 5 を参照）。

第1章　デジタル経済の進展と支払手段の多様化　35

⑵　対応すべき課題

①　金融制度

　キャッシュレス決済の普及は、これまで銀行やクレジット
カード業界が担ってきた決済サービスに、小売業や情報通信業
など他の業種の企業が次々と参入しながら進行している。ま
た、FinTechによる新しい決済サービスを開発したスタート
アップ企業の参入も相次いでいる。銀行やクレジットカード業
界でも、これを新たなビジネスチャンスと捉え、新規参入者と
の連携や独自のサービス提供を開始している。こうした動きは
金融分野のイノベーションとして重要であるが、一方、決済
サービスを担う事業者には、社会的インフラの提供者としての
責任や、利用者の金融資産の保全、情報セキュリティの確保な
ど利用者保護のための対応が求められる。決済サービス事業者
に厳しい責任を課せばイノベーションを阻害しかねないが、利
用者の権利・利益を損なうような事態の発生は避けなければな
らない。また、現在の金融制度では銀行に重い責任が課せられ

11　銀行の取組みについては日本銀行（2019）のBOX 7を参考に記載。
　同レポートでは、「キャッシュレス決済の普及は、手厚い店舗・ATM網
　を維持する必要性を低下させ、預金サービス提供の負担感を緩和する可
　能性を秘めているが、デジタル技術に対する人々の受容度は一様ではな
　いことなどを勘案すると、今後の普及に関する不確実性は高い。こうし
　たなか、銀行はこれまでのところ、幅広い利用者に影響するような預金
　サービス業務の採算性改善策は、極力避ける姿勢を維持しているように
　見受けられる。」と評価し、リテール決済において果たす銀行の社会的
　な役割の持続可能性を踏まえた、社会全体としての検討が必要としてい
　る。

36　Ⅰ　支払手段の多様化

ており、銀行が新規分野に進出する際に困難がある一方、新規参入者が銀行業務を行うことにも限界がある。イノベーションの促進と利用者保護、公正な競争条件の確保を両立できるような金融制度の構築が求められている。

　金融庁の金融審議会では、2017年11月の諮問[12]を受けて、情報技術の進展等を踏まえた金融制度の在り方について検討が進められている。2018年6月に公表された金融制度スタディ・グループによる「中間整理」においては、検討の基本的方向性として、IT の進展や利用者ニーズを起点としたアンバンドリング・リバンドリングの動きなどを踏まえると、多様なプレイヤーを各業法の業態に当てはめて規制するよりも、「現在基本的に業態別となっている金融規制体系をより機能別・横断的なものとし、同一の機能・同一のリスクには同一のルールを適用することを目指すことが重要な課題である」と述べられている[13、14]。

12　2017年11月16日の金融審議会総会において、金融担当大臣より「機能別・横断的な金融規制の整備等、情報技術の進展その他の我が国の金融を取り巻く環境変化を踏まえた金融制度のあり方について検討を行うこと」との諮問が行われている。

13　「金融審議会金融制度スタディ・グループ中間整理−機能別・横断的な金融規制体系に向けて−」（2018年6月19日）「第1章　4．現行制度の特徴と検討の基本的方向性」を参照。

14　2019年7月26日に、決済の横断法制や金融分野のプラットフォーマーへの対応に関する金融制度スタディ・グループの審議結果をとりまとめた「『決済』法制及び金融サービス仲介法制に係る制度整備についての報告≪基本的な考え方≫」が公表された。

第1章　デジタル経済の進展と支払手段の多様化　37

② 競争政策

　キャッシュレス決済は、小売店等の事業者と消費者の間に介在し、デジタル技術を利用して両者を結びつける「デジタル・プラットフォーム」のひとつである。デジタル・プラットフォームとしては、オンライン・ショッピング、検索サービス、ソーシャル・ネットワーキング・サービス（SNS）など様々な事業が展開されているが、そうしたサービスと併せてキャッシュレス決済が提供されている場合も多い。

　デジタル・プラットフォームは、消費者側と事業者側といった複数の利用者層が存在する「両面市場」を構成し、消費者（或いは事業者）が増えるにつれて利便性が向上し更に利用者が増加する「直接ネットワーク効果」に加え、他の利用者層にもそうした効果を及ぼす「間接ネットワーク効果」が働くことから、独占化・寡占化が進みやすいとされている。デジタル・プラットフォームは消費者の利便性を高めるとともに、事業者の市場アクセス可能性を高めてイノベーションを促進するが、独占化・寡占化が進めば、消費者側の便益を低下させたり、事業者側で不公正な取引を生じさせる懸念もある。このため、デジタル・プラットフォームによるイノベーションを活かしつつ、適切な競争環境や消費者保護を実現するルール整備が必要となる。

　2018年12月に経済産業省、公正取引委員会、総務省が公表した「プラットフォーマー型ビジネスの台頭に対応したルール整備の基本原則」では、以下のような7つの原則が示されてお

38　I　支払手段の多様化

り、必要な制度の整備や執行の在り方の検討が進められている。

「プラットフォーマー型ビジネスの台頭に対応したルール整備の基本原則」の概要[15]

1．デジタル・プラットフォーマーに関する法的評価の視点

検討を進めるに当たっては、デジタル・プラットフォーマーが、①**社会経済に不可欠な基盤**を提供している、②多数の消費者（個人）や事業者が参加する**場そのものを、設計し運営・管理する**存在である、③そのような場は、**本質的に操作性や技術的不透明性がある**、といった特性を有し得ることを考慮する。

2．プラットフォーム・ビジネスの適切な発展の促進

革新的な技術・企業の育成・参入に加え、プラットフォーム・ビジネスに対応できていない既存の**業法**について、見直しの要否を含めた制度面の整備について検討を進める。

3．デジタル・プラットフォーマーに関する公正性確保のための透明性の実現

①　透明性及び公正性を実現するための出発点として、**大規模かつ包括的な徹底した調査による取引実態の把**

---

15 「基本原則」の概要資料から抜粋。

第1章　デジタル経済の進展と支払手段の多様化　39

握を進める。

② 各府省の法執行や政策立案を下支えするための、デジタル技術やビジネスを含む**多様かつ高度な知見を有する専門組織等の創設**に向けた検討を進める。

③ 例えば、一定の重要なルールや取引条件を開示・明示する等、**透明性及び公正性確保の観点からの規律の導入**に向けた検討を進める。

4．デジタル・プラットフォーマーに関する公正かつ自由な競争の実現

例えば、データやイノベーションを考慮した企業結合審査や、サービスの対価として自らに関連するデータを提供する消費者との関係での優越的地位の濫用規制の適用等、**デジタル市場における公正かつ自由な競争**を確保するための**独占禁止法**の運用や関連する制度の在り方を検討する。

5．データの移転・開放ルールの検討

データポータビリティやAPI開放について、**イノベーションが絶えず生じる競争環境の整備**等、様々な観点を考慮して検討を進める。

6．バランスのとれた柔軟で実効的なルールの構築

デジタル分野におけるイノベーションにも十分に配慮し、自主規制と法規制を組み合わせた**共同規制等の柔軟な手法**も考慮し、実効的なルールの構築を図る。

7．国際的な法適用の在り方とハーモナイゼーション

40　I　支払手段の多様化

我が国の法令の**域外適用**の在り方や、**実効的な適用法令
の執行の仕組み**の在り方について検討を進める。規律の
検討に当たっては国際的なハーモナイゼーションも志向
する方向で検討する。

③　個人情報保護

　キャッシュレス決済の普及に伴い、消費行動等に関わる膨大
な個人情報が収集・活用されることになり、そうした情報を利
用する企業には個人情報保護のための十分な対応が求められ
る。企業活動のグローバル化に伴い、海外の制度への対応も必
要となっている。制度の国際的な調和を図るとともに、国際的
な個人情報の流通に対応したルール整備が重要な課題となって
いる。

　充実した個人情報保護制度と、国際的な情報流通のルールを
定めたものとして、EUの「一般データ保護規則（General Data
Protection Regulation、GDPR）」が注目されている。GDPRは
2016年4月に成立した後、2年間の猶予期間を経て、2018年5
月から適用が開始されている。EU加盟国及びEEA31か国で事
業を営む場合に加え、海外からEU市民に向けてサービスを提
供する場合にも適用され、違反した場合には2,000万ユーロか
全世界連結売上高4％の高い方を上限とする高額な制裁金が適
用される可能性がある。国際的なデータ流通に関しては、欧州
委員会から個人情報の「十分な保護水準」を有するという認定

を受けた第3国以外へのEU域内からの個人データ移転が原則禁止されている[16]。

　日本との関係では、日EU間相互の円滑な個人データ移転を図る枠組みが2019年1月23日に発効している。同日付で日本は我が国と同等の水準にあると認められる個人情報の保護に関する制度を有している外国としてEUを指定し、欧州委員会はGDPRに基づく十分性認定を日本に対して行った[17]。

　個人情報の国際的な流通に関しては、一部の国でデータの国内での保存を義務付けるデータローカライゼーションの動きもある[18]。広範なデータローカライゼーション規制の拡大は、国際的な電子商取引を拡大していく上での障壁となり、ひいては技術革新や経済成長を阻害することから、日本政府は、正当な公共政策上の理由を有さない同種の規制を抑止するための国際協力体制の構築を進めてきている[19]。

　日本の個人情報保護法については、2015年改正で設けられた

16　GDPRに関しては総務省「平成30年版情報通信白書」を参考に記載。

17　個人情報保護委員会報道発表資料「日EU間の相互の円滑な個人データの移転 〜ボーダレスな越境移転が実現〜」（2019年1月22日）。

18　例えば中国のサイバーセキュリティ法（2017年6月施行）第37条では「重要情報インフラストラクチャーの運営者が中華人民共和国の国内での運営において収集、発生させた個人情報及び重要データは、国内で保存しなければならない」と規定している（総務省「平成30年版情報通信白書」）。

19　個人情報保護委員会「個人情報保護法いわゆる3年ごと見直しに係る検討の中間整理」（2019年4月25日）p.52に基づき記載。国際協力体制の構築として環太平洋パートナーシップ協定（TPP）の電子商取引章や2016年のG7香川・高松情報通信大臣会合での共同宣言などが挙げられている。

３年ごとの見直し規定に基づき、見直しの検討が行われている。2019年４月に公表された「中間整理」においては、見直しに当たり、

・個人情報に対する関心の高まりを踏まえ、「個人の権利利益を保護」するために必要十分な措置を整備することに配意すること
・保護と利用のバランスが引き続き重要であり、技術革新の成果が経済成長等と個人の権利利益の保護との両面で行き渡るような制度とすること
・デジタル化された個人情報の利活用がグローバルに展開されており、国際的な制度調和や連携に配意すること
・個人情報を扱うビジネスの国境を越えた複雑化などによる、個人が直面するリスクの変化に対応し得る制度とすること

といった視点が示されている[20]。

④　サイバー犯罪への対応

　デジタル経済化の進展に伴い、従来想定できないような犯罪が発生する可能性があり、事業者、個人ともに不断の情報セキュリティ対策の実施が必要である。

　キャッシュレス決済の普及に伴い、決済の仕組を利用した犯罪が増える可能性がある。最近普及しているQRコード決済についてもクレジットカード情報の不正利用事案が発生してお

20　見直しの視点は同「中間整理」の「第１章 総論」に基づき記載。

り、産学官の枠組みである一般社団法人キャッシュレス推進協議会において不正利用防止対策に関するガイドラインが策定されている[21]。同ガイドラインでは、コード決済までの利用プロセスにおいて起こりうる不正の例として、端末・SIM取得段階における盗品や悪用目的での購入、アカウント作成段階でのなりすましや架空人物でのアカウント作成、カード情報登録段階での不正取得した情報の登録、決済利用段階でのバーコードやQRコード画面の不正取得などが挙げられており、アカウント作成段階以降で実施すべき対策が示されている。

サイバー犯罪では、大量の情報が短時間で流出しうるなど、物理的な空間における犯罪とは異なる特性がある。近年、海外ではサイバー攻撃や不正取得による大量の個人情報の流出事案が発生している。日本でも2018年に暗号資産の交換業者が管理する顧客の暗号資産が外部に流出する事案が発生した。日本における事案は数百億円に上る暗号資産が短時間で流出するという、「現金輸送の強盗では起こらない」規模の犯罪[22]である。こうした事案や、暗号資産の交換業者の態勢整備が不十分であったことなどを背景に、暗号資産に関する利用者保護の確保やルールの明確化のための制度整備が進められている[23]。

スマートフォンを利用したサービスの利用機会が増えるとと

21　一般社団法人キャッシュレス推進協議会「コード決済における不正流出したクレジットカード情報の不正利用防止対策に関するガイドライン」（2019年4月16日）。

22　北村行伸（2018）「キャシュレス化の実態とその課題」（金融調査研究会『キャシュレス化の進展と金融制度のあり方』第3章）。

もに、スマートフォンがハッキングされた際の被害も重大なものとなる可能性がある。実際に、不正なアプリのインストールによって直接個人から個人情報を不正に取得しているケースも数多く存在しており[24]、個人における備えも重要性が増していくと考えられる。

⑤　災害等非常時への備え、デジタル・ディバイドへの対応等

　災害、大規模停電などの非常時や長時間の通信障害の際には、情報ネットワークが使用できず、キャッシュレス決済が使えなくなる可能性がある。2018年9月の北海道胆振東部地震に伴う大規模停電の際には、キャッシュレス決済サービスの停止によって物資が購入できないトラブルが報道されている。キャッシュレス決済の普及が、非常時にはかえって個人生活に大きな支障を生じさせる可能性もあり、現金で取引できる環境の確保や、一定程度の現金保有などの備えも検討する必要がある。

　また、キャッシュレス決済の普及に伴い、情報通信機器の利用が困難な方々などに不便が生じる可能性もある。最近はスマートフォンを使用したキャッシュレス決済手段が注目を集めているが、必ずしも全ての人々がスマートフォンを利用してい

23　第198回国会において「情報通信技術の進展に伴う金融取引の多様化に対応するための資金決済に関する法律等の一部を改正する法律」が成立した。
24　個人情報保護委員会事務局「個人を狙ったサイバー攻撃に関する留意事項」（2018年8月27日）などを参照。

第1章　デジタル経済の進展と支払手段の多様化　45

図表11　年齢別モバイル端末保有率（2018年）

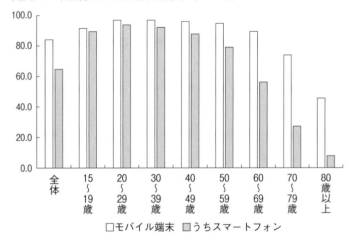

(注)　世帯構成員の保有率。
(出所)　総務省「平成30年通信利用動向調査」

る訳ではない。例えば年齢別のモバイル端末保有率をみると（図表11）、近年改善してきているとは言え[25]、高齢層のスマートフォン保有率は依然低い状況である。キャッシュレス決済手段の利用が困難な方々への配慮も考えていく必要がある。

4．まとめ

本稿では、キャッシュレス化の国際比較指標について留意点

25　総務省「通信利用動向調査」（世帯員調査）によれば、2013年から2018年にかけて65歳以上のモバイル端末保有率は43.6％から68.6％へ、うちスマートフォン保有率は4.2％から26.8％へ上昇している。

も踏まえつつ現状を確認するとともに、消費者サイド、事業者サイドへの影響や対応すべき諸課題を整理した。

キャッシュレス化に関して頻繁に使われる指標のうち、日本の通貨流通高のGDP比は他の国に比べて突出して高いが、これには価値保蔵手段としての現金需要が含まれ、その動向は金利などのマクロ経済環境が影響することに留意する必要がある。また、経済産業省の「キャッシュレス・ビジョン」で示された「キャッシュレス決済比率」（消費に占めるキャッシュレス決済額の割合）の日本の数値は諸外国に比べて低いが、この指標は国際比較可能なクレジットカード、デビットカード、電子マネーの使用状況を表すものであり、日本で普及している銀行口座間送金が含まれていないことなどに留意する必要がある。銀行口座間送金を含めたキャッシュレス決済比率を把握する試みも行われており、それらを踏まえると日本の比率はより高い水準にある可能性がある。一方、クレジットカード、デビットカード、電子マネーについて、日本の一人当たりカード保有枚数は国際的に高い水準にある。日本では支払手段は普及しているものの、実際の利用は限定的であり、利用が増加する余地は大きいと考えられる。実際に、近年これらの手段による決済金額は増加傾向にある。

キャッシュレス決済の普及により、消費者は決済手続きが簡単になり、決済と連動した様々なインターネットサービスを利用することで、より便利な消費生活を実現できる可能性がある。事業者にとっては決済に伴って収集される消費者の購買

データの分析に基づくイノベーションや現金管理コストの削減が期待されているが、一方、実店舗ではキャッシュレス決済の導入費用や入金までのタイムラグが負担になる可能性にも留意する必要がある。

デジタル経済の進展に伴い、イノベーションの促進と利用者保護、公正な競争条件の確保を両立できるような諸制度の見直しが求められているが、キャッシュレス決済の普及のためにもこうした制度の実現は重要である。金融庁の金融審議会では、機能別・横断的な金融規制の整備など情報技術の進展等を踏まえた金融制度の在り方について検討が進められている。キャッシュレス決済はいわゆる「デジタル・プラットフォーム」の一つであるが、デジタル・プラットフォームによるイノベーションを活かしつつ、適切な競争環境や消費者保護を実現するルール整備が関係省庁等で検討されている。キャッシュレス決済の普及に伴い、消費行動等に関わる膨大な個人情報が収集・活用されることになり、個人情報保護のための十分な対応が必要である。個人情報保護については、企業活動のグローバル化に伴う制度の国際的な調和や国際的な個人情報の流通に対応したルール整備も重要な課題となっている。日本の個人情報保護法の見直しの中でも、デジタル化された個人情報の利活用のグローバルな展開への対応などの視点も含めて検討が進められている。

キャッシュレス決済の普及に伴い、その仕組みを利用したサイバー犯罪が発生する可能性があり、事業者、個人ともに不断

の情報セキュリティ対策の実施が必要である。また、災害、大規模停電などキャッシュレス決済が長時間使えなくなるような事態への備えや情報通信機器の利用が困難な方々などへの配慮も考えていく必要がある。

【参考文献】

一般社団法人キャッシュレス推進協議会（2019）「コード決済における不正流出したクレジットカード情報の不正利用防止対策に関するガイドライン」。

川野祐司（2018）『キャッシュレス経済－21世紀の貨幣論－』文眞堂。

北村行伸（2018）「キャッシュレス化の実態とその課題」、金融調査研究会『キャッシュレス化の進展と金融制度のあり方』第3章。

金融庁（2018a）「金融審議会金融制度スタディ・グループ，中間整理－機能別・横断別な金融規制体系に向けて－」。

金融庁（2018b）「キャッシュレス決済に関連する指標」（金融庁金融審議会「金融制度スタディ・グループ」（平成30事務年度第3回）資料）。

金融庁（2019a）「情報通信技術の進展に伴う金融取引の多様化に対応するための資金決済に関する法律等の一部を改正する法律案」説明資料。

金融庁（2019b）「『決済』法制及び金融サービス仲介法制に係る制度整備についての報告≪基本的な考え方≫」。

経済産業省（2018）「キャッシュレス・ビジョン」。

経済産業省、公正取引委員会、総務省（2018a）「『デジタル・プラットフォーマーを巡る取引環境整備に関する検討会』中間論点整理」。

経済産業省、公正取引委員会、総務省（2018b）「プラットフォーマー型ビジネスの台頭に対応したルール整備の基本原則について」。

経済産業省、公正取引委員会、総務省（2019）「取引環境の透明性・公正性確保に向けたルール整備の在り方に関するオプション」。

公益財団法人NIRA総合研究開発機構（2018）「キャッシュレス決済実態調査」。

個人情報保護委員会（2019a）「報道発表資料『日EU間の相互の円滑な個人データの移転 ～ボーダレスな越境移転が実現～』」。

個人情報保護委員会（2019b）「個人情報保護法 いわゆる3年ごと見直しに係る検討の中間整理」。

個人情報保護委員会事務局（2018）「個人を狙ったサイバー攻撃に関する留意事項」。

総務省（2018）「平成30年版情報通信白書」。

日本銀行（2018a）「生活意識に関するアンケート調査」（第73回）。

日本銀行（2018b）「生活意識に関するアンケート調査」（第74回）。

日本銀行（2018c）「キャッシュレス決済の現状」（決済システムレポート別冊シリーズ）。

日本銀行（2019）「金融システムレポート」（2019年4月号）。

淵田康之（2017）『キャッシュフリー経済 日本活性化のFintech戦略』，日本経済新聞出版社。

Bank for International Settlements（2017a）"Statistics on payment, clearing and settlement systems in the CPMI countries Figures for 2016".

Bank for International Settlements（2017b）"Methodology of the statistics on payments and financial market infrastructures in the CPMI countries（Red Book statistics）".

Demirgüç-Kunt, Asli, Leora Klapper, Dorothe Singer, Saniya Ansar, and Jake Hess（2018）"The Global Findex Database

2017: Measuring Financial Inclusion and the Fintech Revolution" Washington, DC: World Bank.

第2章

キャッシュレス化と
決済サービスの変化

淵田　康之[1]

1　株式会社野村資本市場研究所シニアフェロー

要　旨

　現金を用いない決済を可能とするサービスは、当初、銀行が主たる担い手であったが、その後、カード会社や電子マネー会社によるサービスも加わった。さらに近年、インターネットやモバイル・テクノロジーの発達を背景に、FinTechも決済サービスにおいて重要な役割を果たすようになっている。

　決済サービスの担い手の多様化を受け、今日、多くの国は、決済法制を見直すなど、決済改革を推進し、ユビキタスな決済サービスの実現を目指している。この結果、特段、キャッシュレス化を政策目標と掲げていない国においても、キャッシュレス化が進展していくことが予想される。

1．キャッシュレス化の担い手を巡る動き

⑴　銀行に加えてカード会社、電子マネーが登場

お金を帳簿上のデータとして管理することで、現金を移動させなくても、データを書き換えることでお金のやりとりを可能とした点で、キャッシュレス化の原点は、銀行預金の登場にあると言ってよいであろう。銀行業界は、その後、銀行間決済システムやそれを活用した口座振込や口座引落しなどの仕組みも導入し、異なる銀行に預金口座を持つ主体の間でも、キャッシュレス決済を円滑に行えるサービスを充実させていった。

この間、中央銀行制度、預金保険制度、銀行行政なども整備され、銀行預金、そして銀行制度への信頼が高まったことも、決済サービスの向上に大きく寄与することとなった。

今日、多くの国においてマネーストックのほとんどは銀行預金で占められており、キャッシュ、すなわち中央銀行券や硬貨は、ごく一部を占めるに過ぎない[2]。その意味で、人々は銀行預金というデジタルマネーを日常的に保有し、また利用することにより、キャッシュレス化のメリットを既に十分享受していると言ってよいであろう。

ただ銀行預金は優れたデジタルマネーであるものの、現金に

2　わが国の場合、2018年末時点でＭ３に占める現金通貨の比率は7.6%となっている。

第2章　キャッシュレス化と決済サービスの変化　55

劣る点があった。例えば、銀行口座に残高があろうと、かつて
は商店や飲食店での支払いなど、日常生活においては、現金で
のやりとりが当然という場面が多かった。

　この分野にイノベーションをもたらしたのは、銀行ではなく
ノンバンクであった。すなわち、1950年代、米国においてクレ
ジットカード会社が登場し、事後的に消費者の銀行口座から商
品やサービスの代金相当額を引き落とし、店舗の銀行口座に振
り込むことで、キャッシュレス決済を実現する仕組みを構築し
ていったのである。

　銀行界もこれに対抗し、クレジットカード・ビジネスに参入
したが、米国の場合、銀行に対する州際業務規制があったこと
もあり、銀行同士が連合を組むことで、全米で利用できるサー
ビスを構築することが目指された。バンクオブアメリカが主導
した連合が、後にビザに発展し、その運営もバンクオブアメリ
カの経営から分離されていった。これに対抗するもう一つの銀
行連合が、マスターカードに発展した。

　1990年代になると、電子マネーが注目を集めるようになっ
た。これは銀行預金と同様、お金をデジタルなデータとして管
理する仕組みである。銀行預金として預けられたお金は、銀行
が融資などで運用するが、電子マネーの場合は、預けられたお
金は顧客の財産として安全に管理され、顧客による決済や送金
のために用いられる[3]。

　このため電子マネー会社は、厳格な銀行規制を課されず、銀
行よりも「敷居の低い」決済口座サービスの提供が可能となっ

56　I　支払手段の多様化

ている。例えば世界には、手数料負担を避けたいなどの理由から、銀行口座を持たない人々も多いが、電子マネーの登場により、こうした人々でも、キャッシュレス決済が可能となったのである。

⑵　デジタル化の進展とFinTechの台頭

2000年代以降になると、インターネットの発達やモバイル・テクノロジーの発達により、経済活動や人々の生活全体において、デジタル化が進展した。これを受けて、決済サービスも高度化を迫られることとなった。

経済活動の変化の例としては、電子商取引の発展がある。クリック一つで、好きな商品をいつでも、どこでも、簡単に購入でき、迅速に受け取ることができるサービスの利便性に人々が慣れ親しむようになると、その代金の支払いも、着払いや振込票を用いた支払いなどではなく、電子的にスムースに完了させることが、要求されるようになった。

また人々の生活のデジタル化の例としては、電子メールやSNSを通じたコミュニケーションの拡大がある。モバイルを通じて、簡単、気軽に、かつ基本的に無料でコミュニケーションが行えるようになると、お金のやり取りにおいても、同様な利便性を求めるニーズが高まった。銀行口座番号など知らなくて

3　多くの国では、預り金を100％、安全資産で管理することを求められる。また預金のように、預かり期間に応じた利子の支払いは禁止されている。

第2章　キャッシュレス化と決済サービスの変化　57

も、相手の携帯電話番号やメールアドレス、SNSアカウントなどを選択することで、無料で送金を行うことができるモバイル送金サービスは、そうしたニーズに答えるものとして、多くの国で普及するようになった。

　ネットやモバイル上の各種サービスにおいては、画面のデザインや、わずかな使い勝手の違いが、利用される度合いに大きく影響し、売上を左右する。例えば、購入までにクリックしなければならない回数が1回多いか少ないかの差は大きい。

　ネットサービスやモバイル・サービスの提供者は、ユーザーにとっての使い勝手を損なう要素を、pain pointやストレスと称し、それをいかに削減するかという点に工夫を凝らし、顧客体験（Customer Experience）を向上させることを目指している。

　そこで決済サービスにおいても、当然、同じ観点からのサービス提供が求められるようになってきたが、銀行など既存の決済サービス業者は、必ずしもそうしたノウハウに長けていたわけではなかった。そこでIT系の業者が、決済サービス分野において台頭するようになったのである。

　電子商取引の決済を、キャッシュレスで行うだけであれば、既存のクレジットカードや銀行口座引落しの仕組みを用いることで可能である。しかし、クレジットカード番号や銀行口座番号を個々のネット上の商店のサイトで毎回入力するのは手間であり、またセキュリティ上の懸念も抱く人々も多い。そこで1998年、米国で創業したPayPalは、顧客のクレジットカードや銀行口座情報を安全に管理し、個々のサイトでは顧客は

58　Ⅰ　支払手段の多様化

PayPal決済を選択すれば、クレジットカード番号や銀行口座番号を入力することなく、キャッシュレス決済が可能となるサービスを導入し、急成長を遂げた。

モバイル送金において、相手の銀行口座番号など知らなくても送金できるサービスが登場したのも、銀行口座番号の入力がpain pointとなっていたという認識を踏まえた工夫である。米国のVenmoというモバイル送金サービスの場合、送金に合わせて、様々なメッセージや絵文字を相手に送付できる工夫なども盛り込むことで人気となり、若者の間で広く普及するサービスとなっている。

近年、ネットやモバイルの発達と共に、ITに強い企業が新たな金融サービスを展開するようになり、FinTechと称されているが、決済分野でも様々なFinTechが登場しているわけである。なかでも上記のPayPalは、FinTechの草分けとも言うべき存在であり、FinTechの歴史は決済サービス分野から始まったとも言えるのである。

(3) ノンバンクの台頭と銀行の対応

以上のように、キャッシュレス化はまず銀行預金の登場によって本格化し、その後、ノンバンクが主導したクレジットカードや電子マネーの普及、そして今日、FinTechの決済サービスも台頭した結果、一段と進展する時代に入っている。

図表1は、米国の金融サービス会社の時価総額ランキング上位10社が、グローバル金融危機前と今日で、どのように変化し

図表1　米国金融サービス会社の時価総額ランキング

【2006年末】 (単位：10億ドル)

	企業名	時価総額
1	Citi	273.7
2	Bank of America	240.0
3	AIG	186.3
4	JP Morgan Chase	167.6
5	Wells Fargo	120.0
6	Wachovia	108.6
7	Goldman Sachs	92.4
8	Morgan Stanley	85.4
9	Merril Lynch	82.3
10	American Express	73.1

【2018年末】 (単位：10億ドル)

	企業名	時価総額
1	JP Morgan Chase	324.6
2	VISA	290.8
3	Bank of America	241.8
4	Wells Fargo	216.9
5	MasterCard	194.8
6	Citi	127.1
7	PayPal	99.1
8	American Express	81.4
9	US Bancorp	73.9
10	Morgan Stanley	68.2

(注)　外資系を除く。
(出所)　野村資本市場研究所作成。

たかを示したものである。また図表2では、そのうちいくつかの企業の時価総額の推移を時系列で示している。これらの図表から明らかなように、今日、ノンバンクの決済関連サービス企業が、企業価値を顕著に増大させている。

ビザやマスターカードは、先述のように米国の銀行界がクレジットカード・ビジネスを展開するために設立した組織であったが、いずれも2000年代に上場を果たし、今や大手銀行に伍するグローバル企業に成長している。

両社の業務内容は、決済情報を処理するネットワークの提供やブランド管理であり、株式市場におけるセクター分類も情報技術セクターに属するが、決済サービス関連ビジネスを展開し

図表2　時価総額推移

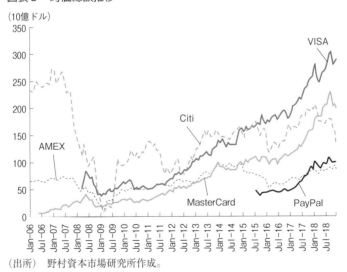

（出所）　野村資本市場研究所作成。

ているため、ここでは金融サービス会社の一つとして、銀行グループと同列で時価総額を比較している[4]。

またPayPalは、銀行口座やクレジットカードを、便利に安心して使うための「ひと工夫」を提供しているに過ぎないとも言えるが、グローバル規模でユーザーの支持を獲得することにより、このランキングのトップ10に入る存在に成長している。

このようなノンバンクの台頭に対し、銀行においても決済サービスを強化する動きがある。例えば多くの国において、銀行界による統一的なモバイル送金サービスの導入が実現している。米国の場合、VenmoなどFinTechのモバイル送金サービスの台頭に対抗すべく、大手3行[5]が共同で会社を設立し、2017年にZelleというサービスをスタートさせた。大手3行の他、60行以上の銀行が参加している。

また米国最大の銀行グループ、JPモルガン・チェースは、2016年、Chase Payという独自のQRコード決済サービスを導入した。ビザやマスターカードを通じたクレジットカードなどの決済サービスの場合、決済手数料の負担に不満を持つ店舗が少なくなかった。またカード会社の各種ルールを順守する必要

---

4 アメリカン・エキスプレスは、ノンバンクとしてカード業務を行ってきたが、カードを発行し、与信を行う銀行を傘下に持つ。同銀行は、ユタ州のIndustrial Lending Corporationとして設立されたため、その親会社は、銀行持株会社とみなされなかった。しかし、2008年の金融危機時に公的資金による救済を要したことを背景に、銀行持株会社に転換した。従って、ノンバンクであるビザやマスターカードとは異なる。

5 JPモルガン・チェース、バンクオブアメリカ、ウェルズファーゴの3行。その後、シティも参加。

62　I　支払手段の多様化

があることから、店舗が独自のサービスを提供しにくいという面もあった。そこで、JPモルガン・チェースは、ビザやマスターカードなどのカードブランドを介さない、独自の決済サービスとしてChase Payを導入したのである。

消費者は、QRコードを用いて店舗で決済すると、決済代金は消費者のチェース銀行の預金口座から引き落とされる。加盟店手数料は通常のカード決済より安く、また店舗が独自の顧客向けリワードなどを導入しやすい仕組みとなっている。

JPモルガン・チェースにとって、国際ブランドのクレジットカードの発行や加盟店管理業務は収益の柱の一つであるが、今日、寡占問題が生じるほどカードブランド会社は巨大化した。これに対してChase Payは、銀行主導による決済サービスの再構築を目指す動きとも言えよう。

2. 決済改革とキャッシュレス化

(1) 国により異なる発展過程

① ノンバンクが一気に台頭した事例

以上、決済サービスの担い手が銀行中心から、カード会社や電子マネー会社も参入する時代を経て、最近はFinTechの存在感も高まる時代となったこと、それに対して銀行が対抗する動きも見られるようになったことを示した。

しかし決済サービスを誰が担うかという構図は、国によって

第2章　キャッシュレス化と決済サービスの変化　63

異なる面もある。例えば、銀行やカード会社の決済サービスが十分普及していなかった一部の国においては、一足飛びにIT企業などがモバイル決済サービスを普及させる状況も生じている。

例えばケニアにおいては、サファリコムという通信会社が、2007年にモバイルを用いた送金サービス、M-PESAを導入したところ、国民の大半が利用するサービスに成長した。同種のサービスは、他のいくつかの途上国でも普及している。

これらの諸国では、携帯電話やスマートフォン（以下、スマホ）の保有者数が、銀行口座の保有者数を大きく上回っている。スマホを利用するに当たっては、通信会社の代理店で利用代金を前払いするのが一般的であり、この前払いした金額を、通信代だけではなく、送金や決済にも利用可能な仕組みとなっているのである。つまりスマホ等が電子マネーと同様、プリペイド決済手段として機能している。銀行に対するような厳格な規制も課されていないため、通信会社の代理店は銀行支店よりも多数展開され、決済サービスの窓口として、国民にとって身近な存在となっている。

中国においても、IT企業が導入した決済サービスが広く普及している。すなわちAlipayとWeChat Payというモバイル決済サービスのいずれか、ないし両方を、国民の大半が日常的に利用する状況となっている。

中国の場合、銀行界による決済サービスが整備され、銀聯カードも普及しつつあったが、Alipay、WeChat Payは、モバ

64　I　支払手段の多様化

イル送金やQRコード決済サービスを導入し、利用者と加盟店を一気に増やしたのである。

Alipayを提供するAlibabaグループは、電子商取引市場の最大手である。またWeChat Payを提供するTencentは、大手インターネット・サービス企業であり、人気SNSサービスWeChatを提供している。両社は、いわゆる巨大プラットフォーム企業として、多くの参加者がそのサービスを利用する状況が既にあったことから、そこに加わった決済サービスも、利用者を一気に拡大させることに成功した。そして決済サービスを提供することが、プラットフォーム上のサービス全体の利便性向上に寄与すると共に、決済を通じて生まれるデータを活用したビジネスの強化にもつながる構図が生まれている。

② 多くの国では決済改革が重要に

一方、他の多くの国では、銀行やカード会社の決済サービスが既に相当程度普及してきたなかで、FinTechの新たな決済サービスが登場するという状況が生まれている。そこで、これらの国では、決済改革の推進が重要な課題となっているケースが多い。ここでは、決済改革を、決済サービスの高度化と決済制度の改革の二つに分けて説明しよう。

決済サービスの高度化とは、ネットやモバイルが発展し、経済取引や社会のデジタル化が進展するなかで、既述のように人々が、より利便性の高い決済サービスを求めるようになったことへの対応である。銀行やカード会社のサービスが既に普及

第2章 キャッシュレス化と決済サービスの変化　65

している国では、一部の国のように、IT企業がそうしたサービスを一気に普及させることは困難であるため、既存の銀行などに対して、決済サービスの改革を促していくことが必要になる。

　一方、決済制度の改革とは、既存の決済制度を、決済の担い手の多様化に対応した姿とするものである。既存の決済制度は、銀行が決済サービスの主たる担い手であることを前提としてきた場合が多く、FinTechなどのサービスの位置づけは明確ではない場合も多い。決済サービスを高度化する上では、単に既存の銀行による決済サービスを見直すだけではなく、FinTechのサービスを積極的に活用していくことも重要であるため、FinTechを正当に決済サービスの担い手として位置づけることが不可欠となったのである。

⑵　各国でキャッシュレス化が進む

　決済サービスの高度化の内容については次項で、決済制度の改革については、第4項で紹介するが、これらの決済改革の目指すところは、つまるところ、デジタルな決済サービスが、現金による決済と同等、さらには現金決済以上の付加価値を持つサービスとなることと言える。

　多くの国における決済改革で、共通にあげられるキーワードとして、ユビキタスな決済や即時決済がある。

　ユビキタスな決済とは、いつでも、どこでも、誰とでも、お金のやりとりができる姿である。「いつでも」、という点では、

66　Ⅰ　支払手段の多様化

銀行の営業時間中しか送金や決済ができないという姿ではなく、24時間365日のサービスが求められている。「どこでも」という点では、モバイルなども活用することにより、物理的な場所の制約を受けず送金や決済が実行できる姿である。「誰とでも」とは、特定の決済サービスの利用者間だけではなく、異なる決済サービスの利用者間でも、送金や決済が可能となる姿である。

　一方、即時決済とは、支払いが行われると、受領者がすぐにその資金を利用できることである。ネットを通じて財やサービスが、迅速に取引されるようになるなかで、お金については相手の口座に届くまでに数日を要するという国も少なくなかったため、その改善が求められたのである。

　伝統的にユビキタスで即時性のある決済サービスとは、現金によって実現してきた。現金であれば、いつでも、どこでも、誰とでも、決済に利用でき、また相手に渡すだけで即時に決済が完了する。

　すなわち決済改革を通じて、ユビキタスで即時性のある決済が実現していくことは、決済サービスが、現金と同等の利便性を持つようになることを意味するのである。

　決済改革においては、ユビキタス性や即時性に加えて、後述するような各種の便利な機能を付加することも目指されている。これは付加価値サービスやオーバーレイ・サービスと言われることもある。オーバーレイとは、基本的な送金・決済機能に上乗せする形で利用できる機能という意味合いである。

第2章　キャッシュレス化と決済サービスの変化　67

このような新たなサービスも追加されることにより、決済サービスが、現金と同等以上の利便性を持つようになることが期待される。従って、決済改革の進展は、キャッシュレス化の一層の進展につながると考えられる。

今日、インドやシンガポールなど、経済・社会のデジタル化の推進を掲げ、その一環としてキャッシュレス化の推進を政策目標の一つとして明確に位置付けている国がある。一方、米国、英国など、多くの国においては、特段、キャッシュレス化の推進を目指そうという動きはない。しかし後者の国々においても、決済改革は重要な政策課題として推進されている。結果、これらの諸国においても、デジタルな決済が現金による決済を代替していく傾向が高まり、キャッシュレス化が進展していくこととなろう。

3．決済サービスの高度化

⑴　モバイル送金サービス

多くの国において、携帯電話やスマホが、国民に広く普及するなか、これを活用した手軽な送金サービスが人気を集めるようになった。このサービスは、国によって異なる形で実現している。銀行口座の普及が十分ではないケニアなど途上国の場合、先述のように、通信会社がモバイル機器をプリペイド決済手段として利用できるサービスを導入している。

68　Ⅰ　支払手段の多様化

これに対して銀行口座が普及している国では、モバイルを通じて、銀行口座間で送金が可能となっている場合が多い[6]。ただし、主要な銀行が参加するサービスとならなければ、ネットワークの経済性が発揮されず、十分な普及は実現しない。

　スウェーデンのSwishのように、主要銀行による共同サービスが、2012年という早い時点で導入されたケースもあるが、必ずしも銀行界が新サービスの導入に合意し、協調した取組みを実現できるとは限らない。この結果、先述の米国の例におけるように、FinTechのサービスがまず普及し、銀行界が後を追う状況も生じる。

　英国、インド、タイ、シンガポール、オーストラリアなど、銀行界による統一的なモバイル送金サービスの導入が実現した多くの国の場合、銀行界の自主的な取り組みというよりも、中央銀行などがイニシアティブを発揮し、決済改革の一環として同サービスの導入を銀行界に促した経緯がある。

(2)　小口決済の常時即時化と新決済プラットフォーム

　上記のモバイル送金は、サービスを利用できる曜日や時間が限定されていたり、受領者側が、資金を受け取り、利用できるまでに時間を要するのでは、そのメリットは低下する。そこで、24時間365日稼働する、即時決済サービスであることが求められる。特定のIT企業主導のサービスではなく、銀行界に

6　全国銀行資金決済ネットワーク（2018）

第2章　キャッシュレス化と決済サービスの変化　69

よるサービスの場合、銀行間決済インフラの見直しが必要となる。このため、銀行の自主的な取り組みというよりも、やはり中央銀行などが主導し、決済改革の一環として、銀行界に取組みが求められる事例が多い。

新たなインフラが必要となるのは、銀行界における既存の小口決済の処理は、銀行間の支払いメッセージのやり取りの仕組み（クリアリング）を経て、一日一回、銀行ごとの収支尻を計算し、この収支尻を各銀行が中央銀行に保有する口座間で決済（セトルメント）するという、バッジ処理が多かったためである。

この処理を前提に、即時決済、すなわち受領者に対して、即時に資金を利用可能にするには、送金側の銀行からの入金が実行されていない段階で、受領側の銀行が一時的に受領者に資金を立て替える必要が生じる。この場合、何かのきっかけで、現金を引出そうという受領者が急増すると、受領超の銀行において流動性リスクが顕在化しかねない。またネットで送金超となっている銀行が、セトルメントのタイミングに合わせて中央銀行口座に入金できなくなるという、信用リスクも内包している。そこで、24時間365日稼働する即時決済サービスを導入する上で、新たな決済プラットフォームの構築が求められるのである。これには大きく分けて二つの形態がある[7]。

第一の方法は、従来と同様、参加銀行間の相互の支払額、受領額を相殺した上で、決済尻を中央銀行口座間で決済するが、

7　日本銀行（2018）

より厳格なリスク管理上の工夫を導入するものである。受領側の顧客が資金を利用できるタイミングよりも、銀行間の決済が完了するタイミングが後になるため、DNS（Deferred Net Settlement）方式とも呼ばれる。同方式においては、リスク管理のため、一件の送金額に限度を設ける、各銀行が支払い超となる金額への限度額（仕向超過限度額、Net Sender Cap）を設定する、事前に清算機関や中央銀行の別口座に仕向超過限度額分の資金を預託する、セトルメント回数を1日複数回にする、損失発生時のロスシェアリングの仕組みを導入する、などの工夫がされている。

　第二の方法は、銀行間で発生する個々の取引を、中央銀行口座間で即座に決済するものである。すなわち大口決済では一般的となっているRTGS（Real Time Gross Settlement）方式を小口決済についても導入するのである。この場合、DNSのような信用リスク管理の仕組みは不要となるが、中央銀行口座間の決済を一件ごとに即時完了させる必要があるため、流動性リスク管理の仕組みは必要となる。

　特に、既存の大口決済のRTGSが24時間365日稼働していない場合、小口決済の24時間365日対応を実現するためには、大口決済用と小口決済用の口座を分け、大口決済時間外に、大口決済用口座から小口決済用口座に資金移動を可能とするなどの工夫が導入される。

　DNSを採用したのが、2008年5月に稼働した英国のFPS（Faster Payments Service）や、2014年3月に稼働したシンガ

ポールのFAST（Fast And Secure Transfers）である。RTGSを採用したのが、2018年2月に稼働したオーストラリアのNPP（New Payments Platform）、2018年9月に稼働した香港のFPS（Faster Payment System）、2018年11月に稼働したEUのTIPS（Target Instant Payment Settlement）、2019年末までに稼働予定のカナダのReal-Time Railである。

米国は、今、銀行界のみならず、FinTechを含む各種の決済サービス関係者が参集し、即時決済サービスのためのインフラを構築中であるが、2018年10月、米国の中央銀行にあたるFederal Reserve Systemは、どのようなサービスを中央銀行として提供すべきか、意見募集を実施した[8]。

(3) 付加価値サービス

付加価値サービスとしては、電話番号などで簡単に送金ができるだけではなく、「割り勘」や「支払いリクエスト」といった便利な機能の導入が重要となっている。後者は、企業や個人が支払いを請求するメッセージを相手のスマホなどに送付すると、相手側は支払いボタンをクリックするだけで支払いが完了するという仕組みである[9]。すぐに払うのではなく、後で払うことを選択可能な仕組みもある。

毎月同じ日に給料が支払われる雇用形態が一般的だった時代は、銀行口座からの定期的な自動引き落としが便利であったか

---

[8]　Federal Reserve System（2018）
[9]　日本銀行（2017）

もしれないが、フリーランスのような働き方も普及する時代となり、いつ、どの程度収入が発生するか予め決まっていない人も増えている。そこで、ユーザーがいつどのように支払うかを、柔軟にコントロールできることが重要になっているのである。請求側が金額などを入力し、支払者にデジタルな形で伝達するため、通常の銀行振込みのように、支払者側の記入ミスを回避できる点もメリットとされる。

　現金を手渡しするのと異なり、電子決済の場合、確実に相手に支払が実行されるのか不安があることも、普及の一つの障害となる。そこで支払いを実行する際に、引落先の自分の銀行口座に資金が十分あるか確認できる機能、送金するために入力した銀行口座や電話番号などに誤りがなく、送金しようとしている先が意図した相手で間違いないかを確認できる機能、送金後、相手が実際に受領したことを確認できる機能などを提供することも、重要となっている。

　新決済プラットフォームを活用し、銀行界による統一的な店舗決済サービスを提供する事例も多い。この場合、シンガポールのように、例えばモバイルによる統一的なQRコード決済の仕組みや、カード決済やコンタクトレス決済に対応した統一的読み取り端末を導入することにより、広範な店舗でのキャッシュレス決済を可能としている国もある。

　この他、決済と同時に、それが何に対する支払いなのかといった情報を、相手にデジタルで伝達できれば、企業における売掛債権消込の手間が解消し、経理事務の効率化に寄与する。

第2章　キャッシュレス化と決済サービスの変化　73

そこで、多くの国では、国際標準フォーマットによる電文を、企業間でやりとりする仕組みを決済インフラの一つとして導入している。個人間でも、送金時にお礼の言葉や絵文字などのメッセージを送付できる機能は、大きな支持を集めている。

今後、各国の新決済プラットフォームを通じ、他にも様々な付加価値サービスが提供されていくものと予想される。オーストラリアの場合、図表3に示すような各種の付加価値サービスが構想されている。

図表3　オーストラリアの新決済インフラにおける付加価値サービスの構想

消費者向け	企業向け	政府向け
・携帯電話番号などを使った利便性の高い送金サービス ・実店舗決済。店舗に即時入金 ・自動車購入時の代金支払い、車両登録、自動車保険の契約、税納付等の諸手続きを、一括して即時に実施できるサービス ・年金手続や拠出、スイッチング、年金受領の効率化、お釣り投資機能	・売掛金消込の自動化などによるキャッシュフロー・マネジメントの効率化 ・顧客の購買データの活用 ・支払いリクエスト ・詳細な請求情報の送付と送金情報の受領 ・レジでのポイントの現金化 ・年金事務や企業による追加拠出などの効率化	・緊急時や災害時における迅速な公的支出の実施 ・急を要する公的手当の支払い ・公的制度と民間制度の調整をしたうえで医療保険金を支払い

（出所）　NPP Australia, "New Payments Platform, An Introductory Guide", June 2017などより野村資本市場研究所作成。

4．決済制度の改革

(1) 決済サービスを巡る競争と協調の促進

① 競争促進政策

　銀行が決済サービスの中心的な担い手であった時代から、最近ではFinTechも台頭する時代となっていると指摘したが、多くの国は、そうした状況に受け身で対応するというよりも、FinTechを積極的に活用することを意図した制度改革を展開している[10]。

　今日、世界の決済改革の先頭を走るのが英国であるが、同国における一連の改革の出発点は、2000年代の初頭、決済サービスが、大銀行の寡占下にある結果、非効率な状況にあり、イノベーションも遅れているとの報告書が提出されたことにある。これを受け、同国の決済改革は、銀行寡占問題に対応する競争政策の一環として、公正取引庁が主導する形で進展した経緯がある。

　先述のように、英国は銀行界に対し、統一的なモバイル送金サービスや、小口決済の常時即時化の実現を促したわけであるが、これは、決済サービスが主に銀行によって担われているという現実があったため、まず銀行界への働きかけが不可欠だっ

10　淵田（2017）

第2章　キャッシュレス化と決済サービスの変化　75

たことによる。

しかし決済サービスの遅れの根本原因に、競争不足問題があると認識する英国当局は、こうした銀行による決済サービスの改善に留まらず、FinTechによる決済サービスも活用することにより、決済サービスを巡る競争を活発化させることを目指している。

例えば、従来、銀行しか参加できなかった銀行間決済インフラに、FinTechも参加できるようにした他、中央銀行であるイングランド銀行にもFinTechが口座を開設できることとした。この場合FinTechは、預金口座は提供できないものの、顧客に電子マネーによる決済口座を提供することで、送金・決済サービスにおいては、ほぼ銀行と対等の立場で、送金・決済ビジネスを展開可能となる。

英国の今後の決済サービスあり方の検討や、決済インフラの構築・運営なども、従来は大手銀行が大きな影響力を持つ団体が主導してきたが、英国はこの点も改め、後述するように、新たな決済ガバナンス機関を設立し、FinTechやユーザーも参加する仕組みとした。

こうした決済サービスにおける競争促進政策は、英国以外の国においても展開されている。例えばEUでは、銀行の顧客がFinTechのサービスを通じて自分の銀行口座の情報を取得したり、その口座を使った決済や送金を行おうとする場合、銀行はFinTechによる銀行口座へのアクセスを拒否できないとした。

またオーストラリアでは、決済プラットフォームにサンド

ボックスを用意し、銀行のみならずFinTechも様々な付加価値サービスを試行可能とした。

カード会社、電子マネー会社、そしてFinTechなど、銀行以外の業者が参加することにより決済サービスが発展してきた歴史を踏まえ、様々な業者が参入し、サービスを巡る競争の活発化を促す政策が展開されているのである。

② 互換性を確保する政策

一方、決済サービス業者間で競争が活発化する結果、様々な決済サービスが乱立し、異なるサービスの利用者間で資金のやりとりができなくなれば、決済サービスの利便性は高まらず、規模の経済、ネットワークの経済も発揮されない。

サービス乱立問題への対応としては、前記の統一的なモバイル送金サービスの事例のように、多数の参加者が同一のサービスを導入することが、短期的には意義があるが、統一的サービスのままでは、競争が発揮されず、中長期的には、サービスの向上が阻害される懸念もある。

そこで異なる決済サービス間でも、相互に資金のやりとりができるよう、互換性（インターオペラビリティ）を確保した上で、競争を推進するアプローチが、多くの国で採用されている。

例えば上記の英国の例のように、銀行のみならずFinTechも、共通の決済インフラへのアクセスが認められ、共通の仕様や標準に則った決済電文のやりとりを実施できるようになれ

ば、個々のプレイヤーは、顧客向けにはそれぞれサービスの使い勝手を競いつつも、銀行間のみならず、銀行とFinTechの間、そして異なるFinTechの間など、様々なプレイヤー間で、相互に資金や情報のやりとりをすることが可能となる。

香港のFPSも、銀行のみならず、ノンバンクの決済サービス・プロバイダーにも参加を認めており、例えばAlipayとWeChat Pay間の送金も可能となっている。

決済サービスにおいて、競争政策と協調政策をどうバランスさせるか、という点については、英国においては、決済インフラのように、各参加者が共同で利用するシステムに関しては、今後も協調的に提供すべきサービスとして分類している。ただし、システム構築者であるシステム・プロバイダーについても、競争原理が発揮されるよう、競争入札によって選定し、システム稼働後も、定期的に競争入札により他のプロバイダーに乗り換える可能性を追求する仕組みとするなど、競争と協調のバランスを追求している。

米国においては、現在、新たな即時決済インフラを構築中であるが、英国など他の多くの国のように一つの共通インフラを導入するのではなく、予め定められた要件を満たすインフラであれば複数のインフラが併存することを許容し、これらが互いに競争する姿を選択している。ただし、インフラ間の互換性を保つことを、参入の前提条件としている。

シンガポールは、決済サービスの互換性に関する規定を、2019年に成立した新決済法（Payment Services Act 2019）に盛

78　I　支払手段の多様化

り込んだ。すなわち、決済システムや決済業者に対し、アクセス・レジーム、共通プラットフォーム、共通スタンダードという3つのタイプの義務を課す。アクセス・レジームとは、決済システム運営者に対して、サードパーティの業者によるアクセスを不当に拒否してはならないとするものである。共通プラットフォームの義務とは、主要決済業者（Major payment institution）に対し、共通プラットフォームへの参加を義務付けることができるというものである。例えばある電子ウォレットが広範に利用され、共通プラットフォーム的な存在となっているにも関わらず、一部の主要決済業者が同プラットフォームへの参加を拒む結果、ユーザーに不便が生じるような場合に、この規定が発動される。共通スタンダードの採用も、主要決済業者に対する義務で、例えば、標準QRコードの採用が求められる。

(2)　新たな決済ガバナンス

　以上のように、特に決済インフラの分野では、協調的対応が重要となるが、そのためにも、インフラ運営の担い手のあり方が課題となる。決済インフラを運営し、そのルールや仕様の整備、参加者の選別など、各種の意思決定を担う主体は、決済ガバナンス機関と呼ばれる[11]。

　従来の決済インフラは、銀行間決済インフラであったため、

11　淵田（2018a）

運営も銀行界が組織するガバナンス機関によって担われてきた。しかしFinTechも参加する新たな決済インフラにおいては、彼らも運営に参加する必要がある。

また従来の銀行界主導の決済ガバナンス機関は、協同組織的な意思決定が一般的であり、例えば投資余力が不十分なメンバーに配慮してイノベーションが遅れる、意思決定プロセスが不透明、ユーザーの利害が十分反映されない、といった問題が指摘されてきた。

そこで、新たな決済ガバナンス機関の特徴としては、FinTechなど銀行以外の決済サービス業者の参画、外部取締役の設置、ユーザー（消費者、企業、政府）の参画、意思決定の透明性の確保などがあげられる。この他、継続的なイノベーションの実現や、新たな決済サービスの普及・啓蒙などを目的とした、複数のワーキンググループを設置する例もある。英国をはじめ、多くの国は、決済改革の一環として、こうした新たな決済ガバナンス機関を設立している（図表4）。このうち米国の場合、先述のように複数の決済インフラが併存する見込みであるが、これらインフラ全体の運営を管轄する主体として、2018年11月に新たな決済ガバナンス機関（U.S. Faster Payments Council）を設立した。

(3) カードシステムに対する政策

以上の改革は、主として既存の銀行によって担われてきた送金・決済サービスを、FinTechが台頭する時代にふさわしい姿

図表4　各国の決済ガバナンス機関（設立年）

オーストラリア	Australian Payments Council（2014）
カナダ	Payments Canada（2016）
英国	Pay.UK（2017）
シンガポール	Payments Council（2017）
米国	U.S. Faster Payments Council（2018）

（出所）　各国資料より野村資本市場研究所作成。

に変えていく動きと言える。この結果、送金・決済サービスの利便性が高まり、キャッシュレス化の推進につながることが期待されるわけである。

　決済サービスには、こうした銀行が担ってきたサービス以外に、カード会社が担ってきたサービスもある。カード決済も、最終的には銀行口座によって決済される場合が多く、またカードのイッシュアー（発行者）やアクワイアラー（加盟店管理者）も銀行によって担われている場合が多いが、ビザやマスターカードなど、国際ブランドと呼ばれる機関は、イッシュアーとアクワイアラーを結ぶ独自の国際的ネットワークを構築し、銀行間決済インフラとは異なる決済システムを通じて、キャッシュレス・サービスを提供している。

　従って決済サービスの高度化や、キャッシュレス化が進展する上では、カードシステム（国際ブランドのネットワークによる決済サービス）の利便性が向上することも重要である。

　カードシステムを巡る主要な政策的課題としては、国際ブラ

第2章　キャッシュレス化と決済サービスの変化　81

ンドの優越的地位の濫用など競争政策上の問題が指摘できる。すなわち、国際ブランドが課す取決めや暗黙の影響力により、加盟店手数料が割高となっている他、加盟店におけるカードの取扱いの自由度が大きく制限されているといった不満が表明されてきた。

　加盟店としては、広く普及している有力なカードブランドの受入れを止めると、売上が大きく減少しかねないため、不満があっても加盟店契約を続けざるをえない。逆に言えば、国際ブランドはそのような立場を利用し、不公正な取引を強いているのではないか、という議論である。

　特に加盟店が支払う手数料（マーチャント・フィー）のうち、カード発行者に支払われる手数料（インターチェンジ・フィー）については、欧米において競争制限的な設定が行われているとして訴訟が繰り返されてきた経緯がある。

　またこうした個別の訴訟による対応では時間がかかる他、関係者にとって明確な行動基準が示されにくいこともあり、近年の傾向としては、法規制によって手数料の上限を定める事例が増えている。例えば米国では、2010年に成立したドッド・フランク法により、デビットカードのインターチェンジ・フィーに対する上限規制が導入された。またEUにおいても、2015年にデビットカード及びクレジットカードのインターチェンジ・フィーの上限を定める法律が導入された。

　EUでは、2018年1月に施行された改正決済サービス指令（Payment Services Directive 2、PSD 2）において、カード決済

82　I　支払手段の多様化

に限らず決済サービス全般に関する手数料を、コストに見合った適正な水準とすることを義務付けている。

英国では、これらEUの法制を適用する他、2018年7月より、決済サービスの監督当局であるPayment Systems Regulatorが、カード・アクワイアリング・サービスの市場に関する調査に着手した。特に商店がアクワイアラーに支払う手数料が透明性を欠いていること、商店にとってアクワイアラー間の比較や乗り換えが困難であること、カードブランドがアクワイアラーに課す手数料（スキーム・フィー）が上昇していることなどが、論点となっている。

(4) 決済法制の見直し

以上で紹介した政策を実現していく上で、多くの国は、既存の決済関連法制度の見直しを行っている。

見直しが必要とされた一つの分野は、決済サービス業に関する規制である。銀行以外のプレイヤーが決済サービス上重要な役割を果たすようになり、決済サービス業者が多様化してきたことに対応し、決済サービス業者間で、利用者保護ルールを共通化したり、公正な競争環境が確保されるような配慮が必要となってきたのである。

この場合、どのようなタイプの業者であれ、同じ機能については原則として同じ規制の枠組みを課すというファンクショナル・レギュレーションの考え方、そして個々の規制の厳格さについては、当該業者や業務がもたらすリスクの度合いに応じた

ものとするという、プロポーショナルなレギュレーションという考え方が、一般的となっている。

EUの場合、銀行については銀行指令で規制し、電子マネーの登場を受けて、2000年に電子マネー指令を制定したが、送金業者やカードのイッシュアー、アクワイアラーなど、他の様々な決済関連業者については、域内各国で規制がばらばらであった。そこでEUは2007年に決済サービス指令（Payment Services Directive, PSD）を制定し、銀行、電子マネー発行者、その決済関連業者を、「決済サービス・プロバイダー（Payment Service Provider）」と一括りに位置づけた。

そして情報の開示や手数料のあり方、無権限取引が生じた場合の責任分担など、利用者保護に係る分野に関しては、統一的な規定を設けた。一方、自己資本規制や顧客資金の保全などに関する規定は、各業者がもたらすリスクの違いを反映した柔軟なものとした。

見直しが必要とされたもう一つの分野は、決済システムに関する規制である。大口の資金決済システムなど、システム上重要な決済システムについては、多くの国で、既に規制・監督の枠組みが整備されてきたが、小口決済システム、ATMネットワーク、カードシステムなどについては、業界の自主的な規制に依存し、明確な公的規制・監督の枠組みが無かった国も多い。

しかし決済サービスを巡る公正競争や互換性の実現のための政策などを実行するためには、決済システムに対する公的関与

84　I　支払手段の多様化

が必要となる。EUがPSD2において、決済システムに対して、FinTechなどの決済サービス・プロバイダーからのアクセスを不当に拒否してはならないと規定したのも、その一例である。

英国の場合、2013年金融サービス（銀行改革）法において、「指定決済システム」、すなわち一定の要件を満たす決済システムを、財務省が他の関係当局からの情報を踏まえて指定（designate）し、同法によって新たに設立された決済分野専門の規制当局であるPayment Systems Regulatorの監督下に置き、必要な規制を課す枠組みを導入した。

現状、銀行間決済ネットワーク、ATMネットワーク、ビザやマスターカードのネットワークが、同指定の対象とされ、アメリカン・エキスプレスやPayPalは相対的に取引量が少ないため、指定外とされている。

シンガポールの新決済法も、決済サービス業に関する規定と、決済システムに関する規定の2つを大きな柱とし、前記の互換性に関する規定は、決済サービス業者と決済システムの双方に及ぶものとなっている。

(5) 決済改革へのイニシアティブ

以上、諸外国で進展する決済改革を概観したが、これら改革は政府の強いイニシアティブを背景に実現している。決済サービスは規模の経済性やネットワークの経済性を伴うため、民間の経済合理性に任せては、最適な供給が実現しない。互換性の無いサービスが乱立する弊害は、その典型である。また多くの

第2章　キャッシュレス化と決済サービスの変化　85

顧客を獲得した既存業者が競争上優位となり、寡占的な手数料の設定、新規参入の阻害、イノベーションの停滞といった問題も生じうる。そこで競争政策の観点からの公的介入も必要となる。

　決済の担い手が銀行であった時代には、銀行が当局の厳格な監督下に置かれていることもあり、銀行界による決済ガバナンス機関に委ねる形でも、公益に配慮した決済サービスが提供可能だった面もある。しかしテクノロジーが急速に発展し、FinTechなど新たな決済サービス業者も登場するなかで、既存の枠組みを大きく見直すためにも、公的介入が必要になっているのである。

　もっとも、どのような政策目標に重点を置いて決済改革を推進するかは、国によって特徴がある。例えば英国の場合、特に大銀行による市場寡占の弊害が問題視され、競争政策当局が主導する形で決済改革が進展した。EUの場合は、域内の経済統合の推進が最優先課題である。

　インドなど途上国においては、金融インクルージョン、すなわち銀行口座を持たない人にも決済サービスへのアクセスを提供することや、現金利用に伴う脱税などの不正の排除が重視される場合が多い。シンガポールの場合は、デジタル化によるスマート国家を目指す一環として、決済改革が重視されたが、中国におけるスマホ決済の発展も改革への刺激となった。シンガポールでは既にカード決済や電子マネーは発展していたが、互換性の無い多数のサービスが乱立していた点で、中国に劣後し

86　Ⅰ　支払手段の多様化

ていると認識され、統一化や互換性を重視した改革が進んでいるのである。

米国の場合、決済改革が急速に進む英国よりも劣後しているという危機感、さらには、FinTechによる独自のモバイル送金サービスが各種登場し、米国の決済サービスの分断が生じかねないという懸念を、中央銀行にあたるFederal Reserve Systemが抱くようになった。そこで、2012年にFederal Reserve Systemが改革のイニシアティブを取ることを宣言した[12]。米国でも、従来は、銀行界が決済サービスの運営を主導し、Federal Reserve Systemは間接的に関与するのみであったが、この2012年の宣言は、Federal Reserve Systemが、決済サービスのエンド・ユーザーに焦点を当てた政策運営に転換することを明確にした。

実際の改革のプロセスでは、当局がイニシアティブを発揮し、改革のビジョンや戦略を提示した上で、銀行やFinTechなど、各種の決済サービス業者やユーザーが参画し、その具体化を図っていく姿が採用される事例が目立つ。すなわち、かつての銀行主導型の意思決定から、これら多様なステークホルダーの意見を踏まえつつ、具体的な提案をとりまとめて公表し、意見募集のプロセスを経て、改革を実行していくという、透明性を重視した形で進められている。

例えば英国の場合、FPSやモバイル送金サービス導入の時点

---

12 Pianalto（2012）

第2章　キャッシュレス化と決済サービスの変化　87

では、まだ銀行界の団体が決済インフラのあり方に大きな影響力をもっていたため、政府が同団体へ新サービス導入を強く要求し、同団体が主導して改革が実現するという姿であった。しかし、決済専門の新行政当局としてPayment Systems Regulatorが設置され、同団体は解散し、新たな改革プロセスが始動した。

すなわち2015年にPayment Systems Regulatorの下にペイメント・ストラテジー・フォーラムが設置され、同フォーラムが2016年に「21世紀のペイメント・ストラテジー」を発表した。同ストラテジー策定の議論の参加者は、500人を超え、歴史上初めて、英国の決済戦略が、全てのステークホルダーの参加により策定されるようになったとされる。英国で現在構築中の新決済インフラのデザインは、こうして決定されたのである。

米国でも、中央銀行が2015年に示した戦略提案に基づき、2015年にFaster Payments Task Forceが組成された。同Task Forceには、決済システムに関する知見があり、会合出席に十分な時間をさけるといった要件を満たす数百人がメンバーとして参加し、2017年に改革案を取りまとめた。

図表5に示す通り、オーストラリア、カナダ、シンガポールなどでも、当局がイニシアティブを発揮し、決済改革を推進している。

88　I　支払手段の多様化

図表5　各国における決済改革へのイニシアティブ

	改革推進主体	改革ビジョンや戦略（発表年）
カナダ	Department of Finance	Moving Canada into the Digital Age（2011）
オーストラリア	Payments System Board（Reserve Bank of Australia）	Strategic Review of Innovation in the Payments System（2012）
米国	Federal Reserve System	Strategies for Improving the U.S. Payment System（2015）
英国	Payment Systems Regulator	A Payments Strategy for the 21st Century（2016）
シンガポール	Monetary Authority of Singapore	Singapore Payments Roadmap（2016）

（出所）　各国資料より野村資本市場研究所作成。

5．今後の課題

　銀行預金というデジタルマネーの誕生によって大きく進展したキャッシュレス化であったが、銀行免許を持たないカード会社が、参加者の銀行預金を動かす仕組みを構築し、さらなるキャッシュレス化を実現したこと、また融資などリスク資産での運用を行わないことで、決済専用のデジタルマネーを提供するノンバンクの電子マネー会社が登場したこと、さらに銀行やカード会社、電子マネーとも連携しながら、便利な送金・決済サービス、及びその周辺サービスを提供するFinTechも台頭することにより、キャッシュレス化がより徹底されつつあることを紹介してきた。

今日、各国で進む決済改革は、こうした銀行のみに依存しない決済サービスの供給という構図を推進する形となっているが、将来的にこの構図は安定的なものと言えるか、検討を要しよう。

　まず銀行預金という、経済・社会にとって重要なサービスを担うことから、銀行には厳格な規制が課されると同時に、中央銀行貸出や預金保険制度などの枠組みが用意されてきた。このうち銀行規制については、グローバル金融危機を経て、より厳格化され、銀行にとっての規制コストは上昇した。一方、銀行の預金金利、貸出金利の利ザヤは歴史的に低下傾向にあるが、とりわけ、過去十数年の超金融緩和傾向の下で、銀行の預貸業務の収益が伸び悩んでいる。

　銀行は、銀行預金というデジタルマネーを背景に、預貸業務で収益を上げると同時に、決済サービスも収益源としてきたが、決済サービス分野は、今、カード会社、電子マネー、FinTechなどノンバンクとの競争が活発化している。FinTechとの競争は、決済サービスに留まらず、銀行が担ってきた融資や資産運用など、他の様々な分野においても、活発化している。

　これに対して、FinTechなどのノンバンクは、銀行預金を提供できず、預貸業務で収益を追求できないが、決済サービス以外にも、様々なビジネスを展開可能である。むしろ電子商取引ビジネスやインターネットビジネスなど、非金融事業を本業とし、決済サービス単独での採算を追求しない場合もある。

90　Ⅰ　支払手段の多様化

すなわち、今日、決済サービスは、厳格な規制の下で銀行預金を提供し、預貸業務を収益の柱とする銀行と、より自由に様々な収益源を追求できるノンバンクの双方によって提供される姿となっている。しかし前者、すなわち銀行は、後者との競争、そしてマクロ経済環境の変化を背景に、今後とも従来同様、安定的に決済サービスを担えるのか、懸念が無いとは言えない。

　一方、ノンバンクにおいても、特に決済以外の事業の収益性に大きく依存した経営が行われている場合、そうした他の事業のリスクが決済サービスに及ぶことが懸念される。

　ノンバンクの中でも、プラットフォーマーと称される、巨大グローバル企業に対しては、近年、個人情報保護、競争政策、税制などの観点から、世界的に政策対応を強化する動きが活発化しつつある。しかし多くのプラットフォーマーにおいて、決済サービスを含む、金融サービスも展開されるようになっていることから、以上のような懸念も踏まえると、今後、金融行政、決済行政という観点からの対応も、重要となっていくと思われる。

　なお、わが国の場合、こうした新たな課題への対応もさることながら、そもそも諸外国で推進されているような決済改革が、十分に実行されていないという問題が指摘できる。キャッシュレス化を政策目標に掲げていない国においても、銀行界による統一的なモバイル送金サービスの導入や、決済サービスの互換性を目指す動きがあると指摘したが、わが国はキャッシュ

レス化を政策目標に掲げているにも関わらず、銀行を含め、個々の業者が、互換性の無いサービスを競う状況にある。真のキャッシュレス化政策とは何か、改めて確認することが求められよう[13]。

【参考文献】

日本銀行（2017）「主要国における24/7即時振込導入と決済サービスの高度化」、『日銀レビュー』2017年3月。

日本銀行（2018）「グローバルな24/7即時送金導入の潮流」、『決済システムレポート別冊シリーズ』2018年7月。

淵田康之（2017）『キャッシュフリー経済』日本経済新聞出版社, pp.136-204。

淵田康之（2018a）「キャッシュレス化と決済改革」『野村資本市場クォータリー』2018年夏号, pp.114-132。

淵田康之（2018b）「真のキャッシュレス化政策とは」野村證券「財界観測」2018年11月27日。https://www.nomuraholdings.com/jp/services/zaikai/journal/w_201811_03.html

全国銀行資金決済ネットワーク（2018）「全銀ネット調査レポート」pp.8-11。

Federal Reserve System（2018）"Potential Federal Reserve Actions to Support Interbank Settlement of Faster Payments, Request for Comments," 12 CFR Chapter II, Docket No. OP-1625.

Hayashi F. and Maniff J.（2014）"Interchange fees and network rules: A shift from antitrust litigation to regulatory measures

---

13 淵田（2018b）

in various countries," *Payments system research briefing*, Federal Reserve Bank of Kansas City.

Pianalto S. (2012) "Collaborating to improve the U.S. payments system" https://www.clevelandfed.org/en/newsroom-and-events/speeches/sp-20121022-collaborating-to-improve-the-us-payments-system.aspx

第3章

キャッシュレス化が進んだ場合の
金融政策の論点

藤木　裕[1]

1　中央大学商学部教授

要　旨

　本稿では、デジタル通貨の分類を行ったのち、中央銀行がデジタル通貨を発行した場合の金融政策への影響に関して理論的に考察を行う。次に、キャッシュレス化の度合いを決める要因について実証的に考察を行う。考察によれば、キャッシュレス化の度合いを決める要因のうち、日常的支払いにおける現金と中央銀行デジタル通貨との代替は定量的に小さな要因であり、退蔵されている現金と中央銀行デジタル通貨との代替は定量的に大きな要因であると予想される。

1．はじめに

　本稿では、キャッシュレス化が進んだ場合の金融政策の論点について、理論的な論点と実証的な論点を検討する。

　理論的な検討は、デジタル通貨の分類を行い、中央銀行がデジタル通貨発行を行った場合の金融政策への影響に関して行う。検討によれば、まず、中央銀行のデジタル通貨発行により、金融政策の景気安定化効果が高まることが理論的に期待される。ただし、これらの理論では実証的な検討は一切行われていない。一方、金融システムへの影響については、安全性が高まるとする論者と、安全性が低下するとする論者がいる。

　実証的な検討では、現金が使われなくなる、という意味でのキャッシュレス化の度合いを決める要因を現金の利用目的別に検討する。検討によれば、キャッシュレス化の度合いを決める要因のうち、日常的支払いにおける現金と中央銀行デジタル通貨との代替は定量的に小さな要因であり、退蔵されている現金と中央銀行デジタル通貨との代替は定量的に大きな要因であると予想される。

2．中央銀行がデジタル通貨を発行した場合の金融政策への影響

(1) 中央銀行デジタル通貨とは何か

　分析の開始に当たり、まずはデジタル通貨の定義をする。デジタル通貨は通貨の一類型であるので、通貨の分類を行っている Committee on Payments and Market Infrastructures and Markets Committee（2018）に従って以下では議論を行う。

　Committee on Payments and Market Infrastructures and Markets Committee（2018）においては、通貨を①不特定多数がアクセスできるか、一部の主体がアクセスできるか、②デジタル媒体か、物理的な媒体か、③中央銀行が発行するか、それ以外の主体が発行するか、④発行形態が不換紙幣のようなトークンか、口座に記録されているか、という観点から分類している。中央銀行の発行するデジタル通貨として専門家が有望視しているのは、①不特定多数がアクセスできて、②デジタル媒体で、③中央銀行が発行する、④口座に記録された通貨である。日本の実情に即して言えば、①日本銀行の取引先だけに開放されている、②日本銀行当座預金というデジタル通貨が、③日本銀行によって発行され、④取引先以外にも日本銀行の口座の提供という形で、幅広く提供される、ということを意味することになる。④については、中央銀行口座を提供するのではなく、

98　Ⅰ　支払手段の多様化

例えば日本銀行がビットコインのような分散型管理が可能なデジタル通貨を発行することも考えられる。しかし、現在の技術水準ではこうした分散型管理が可能なデジタル通貨の取引の正当性を証明するためには長い時間と大量の電力が必要であるため、実用的ではないと考えられている[2]。以下の分析では、①不特定多数がアクセスできて、②デジタル媒体で、③中央銀行が発行する、④口座に記録された中央銀行デジタル通貨を念頭に議論を進める。

(2) 中央銀行デジタル通貨導入の金融政策への論点

① 金融政策への影響

2018年10月20日に行われた雨宮日本銀行副総裁の講演（雨宮(2018)）から察すると、日本では中央銀行デジタル通貨は当面導入されないと予想される。したがって、以下で行われる議論はすべて万が一将来導入された場合どのような影響があるか、という思考実験であると理解すべきである。

中央銀行デジタル通貨導入の影響に関する理論的研究は多数ある（例えば、Bordo and Levin（2017、2019）、木内（2018）、柳川・山岡（2019））。こうした文献で指摘されている中央デジタル通貨導入のメリットは以下のとおりである。

第一に、デジタル通貨にはプラスでも、マイナスでも、任意の値の金利を付与することが容易に可能になる。金融政策がデ

---

2 Bordo and Levin（2017）

フレと戦う際に障害となっていた「金利をマイナスには簡単にできない」という制約がなくなり、金融政策の有効性が上がる。

第二に、金利をマイナスにすることができるので、これまで金利をマイナスにできないことを前提にしてきたインフレ目標値を2％ではなく、0％とすることが可能になる。

第三に、現金の利用が漸減することが予想されるので、現金を流通させるためにかかっている保管、運送の費用や警備の費用が節約できる。

最後に、中央銀行がデジタル通貨を独占的に発行することで、特定のデジタル通貨を発行する民間主体が独占的な立場を築き、決済情報を独占しながら利潤を上げることを防止できる。

注意が必要なのは、上記の理論はデジタル通貨が導入された時の理論的な予想に過ぎないことである。例えば、デジタル通貨の導入はマイナス金利政策と非常に相性が良いが、2016年の日本銀行によるマイナス金利政策導入への批判が高かったことを踏まえると、実現のハードルは高い可能性がある。また、金利操作の幅がマイナス領域に広がることで、金融政策の経済全般への波及効果が高まるとの点も、実証的に確認されたわけではない。

② 金融システムへの影響

金融システムへの影響を考える際に大きな論点となるのは、

中央銀行デジタル通貨が民間銀行の負債である銀行預金をどの程度代替するか、ということである。この点について、以下のような例を考えてみよう。あなたの給与は、会社からあなたの取引先の民間銀行Aに振り込まれる。仮に今あなたが銀行Aではなく、日本銀行に口座を持てる、というオプションが与えられたとする。あなたは以下二つの場合、どうするだろうか。

第一に、銀行Aは、預金を置いてくれれば日本銀行よりも高い金利を提供するとあなたに提案したとする。その場合、あなたは銀行Aの預金のまま給与を貯蓄するかもしれない。

第二に、銀行Aの提供する金利が日本銀行の提供する金利とほぼ同じだったとする。その場合、あなたは自分の銀行Aの預金を日本銀行の預金に振り替えることを銀行Aに要求することになるかもしれない。

二つの場合で大きく異なるのは銀行Aの信用創造機能である。

預金者が第一の例のように行動した場合は、銀行Aが保有する日本銀行当座預金の残高以上に、預金通貨を銀行Aが発行することが可能になる。例えば、銀行Aは貸出を行い、それと同額の預金を創造することができる（信用創造が可能である）。ただし、銀行Aは預金の一定割合を日本銀行券や日本銀行当座預金の形で保有し、預金者からの引き出しに備えなければならない。

預金者が第二の例のように行動した場合は、銀行Aはいつ預金者から日本銀行当座預金との交換要求があってもこれに応じなければならないので、提供する預金通貨と同額の日銀当座預

金を保有していなければならない。この場合も、銀行Aの預金通貨は、決済に用いることはできる。

第一の例と、第二の例の金融システムへの影響は以下の通りである。

第一の例の場合、仮に健全だと思われていた銀行に倒産のうわさが流れれば、民間銀行から日本銀行預金への預金移転が技術的に容易であるため、金融危機が起きやすくなるとの見方がある（Cecchetti and Schoenholtz（2017））。一方、市場支配力がある民間銀行が十分高い預金利息を支払い、預金市場でのシェアを拡大するので、金融危機は簡単には起こらなくなる、との見方もある（Andolfatto（2018））。

第二の例のように、すべての民間銀行が信用創造をやめてしまえば、銀行倒産の可能性は極めて低くなるだろう。銀行預金の決済機能と、銀行の信用創造機能を分離することで、銀行の安全性を高める構想はナローバンク論として知られている。

以上、金融システムの安定性に関しては両論があることを説明したが、これ以外の論点としてデジタル通貨固有の問題であげられているのが災害・停電時に決済が不能になることへの懸念である。例えば、2018年9月の北海道大地震の折に生じた大規模停電の下でも、セイコーマートが現金決済を続行した事例は記憶に新しい。

3．現金代替はどの程度進むのか

(1) キャッシュパズル

デジタル化の進む中で、世界的に現金流通量は2008年の金融危機後増加していることが知られている。図表1で示したように、日本、ユーロ圏諸国、米国では、現金流通量の名目GDP比率がじりじりと上昇している。

なかでも、日本のデータは20％に迫り、突出している。2018年10月末の銀行券発行残高はおよそ105兆円であり、2018年11

図表1　現金流通量の名目GDP比率

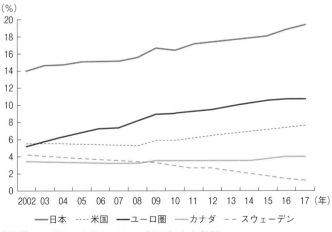

(出所) Fujiki and Nakashima（2019）から翻訳。

月1日の日本の推計人口は126,450,000人である。したがって、外国人の銀行券需要の影響を考慮しないとすると、2018年11月1日現在の1人あたり銀行券保有額は約83万円であることになる。さらに、カナダのように金融危機の影響が小さかった国ですら、同様の傾向が観察されている。この間、2017年までのデータでは、スウェーデンでは現金流通量のGDP比率が一貫して低下しており、中央銀行デジタル通貨導入の議論も高まりをみせている[3]。デジタル化が進めば、現金需要は減りそうに思われるが、データはこの予想を裏切っているため、研究者の間ではこの現象を「キャッシュパズル」と呼んでいる[4]。

　欧米のキャッシュパズルへの説明は、金融危機の影響や、海外でのドル、ユーロの流通量が増加したことだとされることが多い。しかし、日本の場合は、本格的な金融危機が起こったのは1990年代後半であるので、欧米での説明は日本には当てはまらないように思われる。日本だけこれほど現金需要が多い特別な原因は考えられるのだろうか。

　この点について、Fujiki and Nakashima（2019）は、日本の現金需要を、日常的取引における現金需要と、資産需要に分けることを提唱している。そして、日常取引における現金需要の特徴は、欧州、米国、カナダ、スウェーデンとは大きな違いが

---

[3]　2018年のスウェーデンにおける現金流通量は増加に転じている。データは以下のサイトを参照。
　　https://www.riksbank.se/en-gb/statistics/payments-notes-and-coins/notes-and-coins/（2019年5月4日アクセス）
[4]　Jiang and Shao（2014）参照。

ないこと、日本における特殊要因は低金利によって引き起こされた現金の退蔵であると主張している。以下では、これらの点について敷衍していく。

(2) キャッシュパズルと日常取引における現金需要

図表2は、金融広報中央委員会が実施している「家計の金融行動に関する世論調査」の2007-2017年の2人以上世帯データを用いて、支払金額帯ごとに、日常的な支払いを行う際に、現金、クレジットカード、電子マネー（デビットカードを含む）、その他、の中でよく用いる支払い手段を最大2つまで聞いた結果のうち、回答比率が高かった選択肢をまとめたものである。

図表2では、左側から右側に向かって、支払金額5万円超、1万円超5万円以下、5千円超1万円以下、千円超5千円以下、千円以下の結果が報告されている。棒グラフの濃い灰色は現金だけと答えた世帯の比率、薄い灰色はクレジットカードだけと答えた世帯の比率、白抜きは、現金とクレジットカードと答えた世帯の比率、黒は、現金と電子マネーと答えた世帯の比率を示している。

図表2からは、支払金額が1万円を超えるあたりから、多くの世帯が現金よりクレジットカードを選ぶようになることがわかる。また、少額決済では現金を選ぶ世帯が非常に多いが、1,000円以下に限ってみると電子マネーを用いる世帯もかなりいることがわかる。

このように、現金はデジタル化の進む中にあっても少額の決

図表2　日常的な支払い手段の選択比率（2007－17年平均値）

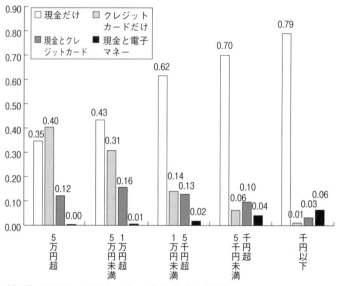

（出所）　Fujiki and Nakashima（2019）から翻訳。

済では依然として頻繁に用いられている。この事実は、現金以外の決済媒体で好まれるのがクレジットカードとならんでデビットカードであるといった違いはあるが、日本だけではなく、欧米カナダの研究においても同様に観察される現象である[5]。したがって、およそ日常的な支払いに関する限り、日本人だけがとびぬけて現金を好んでいるわけではないことがわかる。

---

[5] ユーロ圏については Esselink and Hernández（2017）、米国についてはGreene et al.（2017）、カナダについてはHenry et al.（2018）参照。

Fujiki and Nakashima（2019）では、上記のデータをさらに詳細に分析し、クレジットカード、クレジットカードと現金、クレジットカードとその他、という支払い手段を選択する家計と、現金だけを選択する家計の現金保有残高にどの程度差があるかを、家計の所得、金融資産残高、年齢などの要因を調整したうえで比較検討した試算も報告している。検討によると、クレジットカード、クレジットカードと現金、クレジットカードとその他を選択する家計は、5千円から3万円程度現金だけを選択する家計よりも現金保有残高が低いことがわかった。支払金額5万円超で現金だけを選択する家計は調査対象の4割程度であり、仮にこれらの家計がクレジットカードを利用するようになって一世帯当たり3万円の現金が節約されたとする。この統計データが日本の家計の平均的な特徴を良くつかんでいるとして、2017年の世帯数予測データを用いて、この影響を計算すると、およそ4,190億円と試算され、2017年の現金流通残高のわずか0.4％に過ぎない。したがって、現在のクレジットカードのような技術が普及しても、日常的に利用される現金残高にはほとんど影響はないと予想される。想像をたくましくして、日本銀行が中央銀行デジタル通貨を発行し、個人が現金利用をやめたらどうなるか試算してみよう。金融広報中央委員会のデータでは、1世帯当たりの平均現金保有残高は15－17万円程度である。このデータが日本の家計の平均的な特徴を良くつかんでいると仮定して、この金額に世帯数をかけると、全体への影響は8兆円程度（2017年の現金流通残高の8％程度）である。

このデータを見る限りでは、現金が大量流通している原因は、小口決済における現金決済の慣行ではないように思われる。そこで、以下では退蔵について検討する。

(3) キャッシュパズルと退蔵

図表3は、Fujiki and Tomura（2016）と同様の方法で推計した退蔵現金の予測を示している。図表の灰色の棒で示した部分は、現金需要のうち、日常取引で用いられる部分である。この部分は、千円札は日常取引だけに用いられ、1万円札のうち日常取引に用いられる部分は千円札と同じスピードで増加すると仮定して計算されている。黒い棒で示した部分は、現金の流通総額から青い棒で示した部分を控除したもので、退蔵された現金だと考えられる。退蔵された現金は、2016年の現金需要のうち4割程度（42兆円）に上る。

42兆円は大きな金額にも思えるが、2016年の家計の金融資産残高（資金循環勘定ベース）のおよそ1786兆円と比べれば2.4%に過ぎない。家計の金融資産残高のうち、比較的代替可能性の高い現金・預金の943兆円と比べても4.5%に過ぎないので、相対的に見れば大した額ではない、との評価も可能で、大小を論じるのは難しい。しかし、もし中央銀行デジタル通貨が現金を駆逐する目的で発行されるのだとしたら、この退蔵現金が障害になる可能性が高い。なぜなら、退蔵現金が発生する一つの理由は、プライバシーの保護だと考えられるのに対し、中央銀行デジタル通貨の利用履歴はすべて日本銀行の知るところとなる

からである。

それでは、退蔵現金はなくならないのだろうか。筆者は、退蔵現金を含む現金流通残高を減らすのに最も効き目があるのは、金利上昇であると考える。なぜなら、Fujiki and Nakashima（2019）では、最近の経済成長のペースを上回る現金需要の高まりは、非常に金利が低いことから発生した現金需要によってほぼ説明が可能であることを示しているからである。Fujiki and Nakashima（2019）は、日本の現金需要関数を試算し、マイナス金利政策が始まるまでの期間であれば、日本の実質現金需要残高は、実質GDPと、対数を取った政策金利によって安定的に説明可能であることを実証している。この計算が正しいとすれば、将来金利が上昇した場合に家計が退蔵現金を預金や債券、株式に投資する場合、この退蔵現金は民間金融機関を経由して日本銀行に還流してくると予想される。日本の戦後の現金の名目GDPに対する比率は長く8％程度であったことが知られているから、仮に日本がデフレから脱却し、金利がプラスの経済に戻った暁には現金需要は大幅に減少する可能性がある。例えば、2020年の名目GDPが600兆円で、金利がプラスの状況が実現していれば、名目GDPの大きさに見合った現金需要はその8％で48兆円に過ぎず、2017年の現金流通残高がざっと半減することになる。

なお、ドイツ連銀が発行したユーロ紙幣のうち、ドイツにおける退蔵現金は2016年において2割強を占めている（Deutsche Bundesbank（2018））。スイスにおける1,000スイス・フラン紙

第3章　キャッシュレス化が進んだ場合の金融政策の論点　109

図表3　退蔵現金の予測

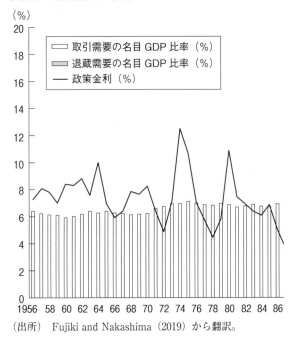

（出所）　Fujiki and Nakashima（2019）から翻訳。

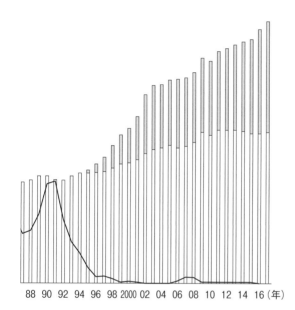

第 3 章 キャッシュレス化が進んだ場合の金融政策の論点

幣のうち近年は70％程度が退蔵されたとの推計もある（Assenmacher et al.（2017））。これらの分析と戸村・藤木（2016）は共通の手法を用いていないが、欧州諸国でも退蔵現金への関心は高い。しかし、これほど長く低金利状態が継続しているのは日本だけである。

⑷　現金代替はどの程度進むのか：まとめ

以上の議論を整理すると以下の通りである。日常決済における日本の現金利用は、ユーロ圏、米国、カナダと大差はない。日本の現金需要に特殊性がもしあるなら、長い期間継続する低金利によって退蔵されている現金である可能性が高い。欧州諸国の退蔵現金と比較すると、日本の場合は低金利の期間が非常に長いほか、1,000スイス・フランなどよりも少額の１万円札が退蔵の対象であることが特徴である。

日本においては、少額決済における電子マネーと現金、高額決済におけるクレジットカード、迅速で安価な銀行送金システムはこれまで効率的な決済に貢献してきた。ところが、近年の低金利環境に伴う銀行収益の悪化に伴い、現金供給の費用に銀行は耐えられなくなりつつある。例えば、電子化や高齢化、人口減少による来店者の減少によって、ATMや支店設置費用が回収できないといった問題が発生してきている。

今後日本銀行がデジタル通貨を導入しない場合であっても、モバイル決済やQRコード決済の普及などにより日本の小口決済は大きく変化するかもしれない。例えば、現金利用が目立っ

ているコンビニエンス・ストアにおける請求書への代金支払い
も、スマートフォンで請求書のバーコードを読み取り、イン
ターネット銀行口座からの振替をすることが広く普及するかも
しれない[6]。中小店舗でも、端末設置費用が安ければQRコー
ドをつかった口座振替に切り替え、現金管理費用を節約すると
ころも出てくるかもしれない[7]。しかし、日常決済で用いられ
ている現金は、全体の流通量のうちのごく一部だと予想され
る。日本銀行がデジタル通貨を導入した場合は、日常の現金利
用は減る可能性が大きいが、現金全体への効果は退蔵現金がど
うなるか次第である。

4．結　論

本稿の結論は以下の通りである。

まず、中央銀行がアカウント型のデジタル通貨を一般国民に
対して発行した場合の金融政策への影響としては、マイナス金
利の導入が可能となることから、景気安定化効果が高まること
が理論的に期待される。ただし、これらの理論の実証的な検討
は一切行われていない。一方、金融システムへの影響について
は、民間銀行の信用創造機能がどの程度維持されるか、という

6　例えば、モバイルレジ（https://solution.cafis.jp/bc-pay/pc/about.
html）や、LINE Pay（https://pay.line.me/jp/intro?locale=ja_JP）の
バーコード支払いなど。
7　例えば、LINE Pay や、2019年秋から始まる「Bank Pay」（http://
www.debitcard.gr.jp/dl/BankPay.pdf）など。

第3章　キャッシュレス化が進んだ場合の金融政策の論点　113

点がポイントとなり、金融システムの安全性が高まるとする論者と、低下するとする論者がいる。

　デジタル化の進展にもかかわらず、2017年までのデータによると、スウェーデン以外の先進国では現金流通残高の名目GDP比率は上昇している。日本における日常的な現金利用は米国、ユーロ圏諸国、カナダと大差はなく、少額決済に現金を使う人が多い。退蔵現金は欧州諸国でも関心が持たれているが、日本の場合は金利水準が長い期間にわたって非常に低いことが特徴として考えられる。日常取引における現金利用額は現金流通総額のごく一部と思われるので、中央銀行デジタル通貨が現金を駆逐するかどうかは、退蔵現金がどの程度中央銀行デジタル通貨と交換されるか次第である。

【参考文献】

雨宮正佳（2018）「マネーの将来」日本金融学会2018年度秋季大会における特別講演、2018年10月20日。

木内登英（2018）『決定版　銀行デジタル革命』東洋経済新報社。

柳川範之・山岡浩巳（2019）「情報技術革新・データ革命と中央銀行デジタル通貨」日本銀行ワーキングペーパーシリーズ、19-J-1。

Andolfatto, David（2018）, "Assessing the Impact of Central Bank Digital Currency on Private Banks," Federal Reserve Bank of St. Louis, Working Paper 2018-025A.

Assenmacher, Katrin, Seitz, Franz, and Tenhofen, Jörn（2017）, "The use of large denomination banknotes in Switzerland,"

International Cash Conference 2017 – War on Cash: Is there a Future for Cash? 162917, Deutsche Bundesbank.

Bordo, Michael D. and Andrew T. Levin (2017), "Central Bank Digital Currency and the Future of Monetary Policy," NBER Working Paper No. 23711.

Bordo, Michael D. and Andrew T. Levin (2019), "Digital Cash: Principles & Practical Steps," NBER Working Paper No. 25455.

Committee on Payments and Market Infrastructures and Markets Committee (2018), "Central bank digital currencies," BIS CPMI Papers, No. 174.

Cecchetti, Stephen G. and Kermit L. Schoenholtz (2017), "Fintech, Central Banking and Digital Currency," Money and Banking Blog, June 12, 2017.

Deutsche Bundesbank, (2018), "The demand for euro banknotes at the Bundesbank," Monthly Reports, Deutsche Bundesbank, March 2018, pp.37-51.

Esselink, Henk, and Lola, Hernández, "The use of cash by households in the euro area," (2017), European Central Bank Occasional Paper No. 201.

Fujiki, Hiroshi, and Kiyotaka Nakashima (2019), "Trends in cash usage in Japan: Evidence from aggregate data and household survey data," TCER Working Paper Series, E-131.

Fujiki, Hiroshi, and Hajime Tomura (2017), "Fiscal Cost to Exit Quantitative Easing: The Case of Japan," Japan and the World Economy, 42, 1-11.

Greene, Claire, O'Brien, Shaun and Schuh, Scott, "US consumer cash use, 2012 and 2015: An introduction to the diary of consumer payment choice," (2017), Research Data Report 17-6, Federal Reserve Bank of Boston.

Henry, Christopher S., Kim P. Huynh, and Angelika Welte, "2017 Method-Of-Payments Survey results," (2018) Bank of Canada Staff, Discussion Paper, 2018-17.

Jiang, Janet Huag, and Enchuan Shao, "Understanding the Cash Demand Puzzle," (2014), Bank of Canada, Staff Working Paper 2014-22.

第4章

キャッシュレス化の
政策的インプリケーション

渡辺　智之[1]

1　一橋大学大学院経済学研究科教授

要　旨

　キャッシュレス化の推進によって実現すべき政策目標は何か。キャッシュレス化の政策的含意は、キャッシュレス決済の普及によって利用可能となる情報を誰がどのように利活用すべきか（あるいは、すべきでないのか）について、政策当局者が検討を迫られるようになることであろう。デジタル技術の発展によって、従来、銀行システムが独占的に提供してきた決済サービスを、様々な事業体が提供できるようになるとともに、それらの事業体は決済サービス提供等を通じて膨大な取引情報にアクセスし、事業収益増大につなげることができるようになった。政府部門においても、マイナンバーカード等の仕組みを利用した電子マネーを発行することで、事務コストの軽減を図るとともに、公共サービス供給の効率化に資するデータへのアクセスと活用を検討すべきであり、そのためにも、個人情報の問題に関する議論が深まっていくことが望まれる。

1．はじめに

　本稿は、キャッシュレス化の進展がどのような政策的含意を
持つのかを考える試みである。キャッシュレス化自体を促進す
る政策については、直接には論じない。というのは、本稿の立
場は、キャッシュレス化そのものは政策目標とはなり得ない、
むしろ、キャッシュレス化が政策運営にどのような影響をもた
らすのかを考えることが重要なのではないか、というものだか
らである。

　以下では、まず、キャッシュレス化をデジタル化の一環と捉
えた上で、キャッシュレス化によって入手可能になる決済情報
や取引情報をどのように利用するのかを考えることが重要であ
るという視点を提示する。その上で、現金決済と各種のキャッ
シュレス決済の仕組みを簡単に図示した上で、決済システムの
プラットフォームがアクセスする情報の観点から、各種決済シ
ステムの類型化を試みる。最後に、キャッシュレス化に関して
検討すべきと考えられる若干の政策課題に言及する。

2．「キャッシュレス化」をどう捉えるか？

⑴　デジタル化としてのキャッシュレス化

本稿では、キャッシュレス化をとりあえず「脱現金化」とい

第4章　キャッシュレス化の政策的インプリケーション　119

う意味に用いる。すなわち、各種の取引に伴う決済の場面で、現金の受渡しが行われることが少なくなる状況をキャッシュレス化の進展と呼ぶことにする。例えば、買い物の代金をクレジットカードで支払う場合も、銀行口座間振替で行う場合も、電子マネーを用いる場合も、すべてキャッシュレスによる決済とした上で、現金を用いない決済が増加することの含意を検討したい。

　現在のキャッシュレス化の含意を考える際には、デジタル化という側面を抜きには議論できない。もちろん、現金を使わない決済手段は古くからあり、デジタル技術よりも長い歴史がある。例えば、伝統的な為替手形による決済は、デジタル技術が出現するはるか以前から行われていた。しかし、現在用いられているキャッシュレス決済においては、銀行口座間振替であろうとクレジットカードやデビットカードを用いた支払いであろうと、必ずデジタル技術が用いられている。電子マネーについては言うまでもない。その中で、現金決済の場合のみ、現金という実物を用いることで取引当事者がデジタル技術を介さずに決済を完了することができる。

　キャッシュレス化の進展は、決済に関する情報のデジタル化の進展として捉えることができる。現在、経済システム全体においてデジタル化が進行しており、キャッシュレス化も経済活動のデジタル化の一環と考えることができる。経済活動のデジタル化がもたらすのは、経済活動に関するデータや情報[2]が効率的に利用可能になるという効果である。「財政におけるデジ

120　I　支払手段の多様化

タル革命」というIMFの編集した書物では、「デジタル革命が
もたらす多くの潜在的便益の中で、もっとも見込みがあって重
要なのは、経済活動に関するタイムリーに利用可能で透明性の
ある情報を収集・加工・伝達できるようになるということであ
ろう。」[3]と述べられている。キャッシュレス化がデジタル化で
ある以上、キャッシュレス化によってタイムリーに利用可能で
透明性のある決済関連情報が収集・加工・伝達できるようにな
るという効果が得られる、ということになる。

(2) キャッシュレス化によって何を実現するべきか？

日本においては現在、キャッシュレス化を推進することが政
策目標として掲げられることがある。例えば、政府関係の文書
にも以下のような例がある。

① 「2020年オリンピック・パラリンピック東京大会等の開催
　を踏まえ、キャッシュレス決済の普及による決済の利便性・
　効率性の向上を図る。このため、訪日外国人の増加を見据え
　た海外発行クレジット等の利便性向上策……」[4]

2　データと情報の違いについて、武邑（2018：p.13）は、「データは数
　字と事実の集合」であるのに対し、「データに構造が与えられ、一貫性
　のある形で編成、解釈または伝達されると、それが情報に昇華される。」
　としている。確かに、情報を「構造を与えられたデータ」と規定するこ
　とは、ひとつのわかりやすい整理である。ただし、そこで使われている
　「構造」という概念がどういうものなのかを明らかにしないと十分な説
　明とはなっていないのかもしれないが、その検討は本稿の範囲を超え
　る。

3　Gupta, et al.（2017）, p.2。

4　日本経済再生本部『日本再興戦略』改定2014、p.77。

第4章　キャッシュレス化の政策的インプリケーション　121

② 「今後10年間（2017年6月までに）キャッシュレス決済比率を倍増し、4割程度とすることを目指す。」[5]

③ 「大阪・関西万博（2025年）に向けて……キャッシュレス決済比率40％の目標を前倒しし、……さらに将来的には世界最高水準の80％を目指していく。」[6]

これらの政府関連文書において特徴的なのは、オリンピックや万博を契機にした訪日外国人の増加を強く意識するとともに、キャッシュレス決済比率の数字そのものを国際比較の観点から重視し、その数字の向上を目標として設定していることである[7]。もちろん、観光等の目的で訪日する外国人数が増加すること自体は日本経済にとって望ましいことであろう。しかし、キャッシュレス化をそのためだけの施策と位置づけることは適切ではなかろう。キャッシュレス化の意義はより広い範囲に及び得るし、仮に訪日外国人の増加自体を目的とするのなら、そのためのより直接的で効果的な方策を考えるべきであろう。

そもそも、キャッシュレス決済比率の上昇によって実現すべき政策目標は何か。本稿では、現金を用いない決済をキャッ

5　日本経済再生本部『未来投資戦略』2017、p.30。

6　経済産業省『キャッシュレス・ビジョン』2018年4月、p.70。

7　なお、上記文書のうち②では、「金融機関の海外発行カード対応ATMの設置促進」も掲げられているが、このような政策は訪日外国人の利便性を向上させるとしても、キャッシュレス化の推進ではなく、むしろ国内における外国人による現金決済を容易にする効果があり、その限りでは矛盾する面がある。このことからも、いわゆるキャッシュレス化の推進については、その目的として訪日外国人が強く意識されていたことが想像される。

122　Ⅰ　支払手段の多様化

シュレス決済と呼ぶことにしているので、仮に、現金決済に特有の社会的費用が存在し、それがキャッシュレス決済に移行した場合に消滅するのであれば、キャッシュレス決済比率を高めることの意義はあろう。民間取引にける現金決済に伴うコストとしては、現金を扱う業務に要する人件費や銀行・コンビニにおけるATM設置・運営費用がある[8]。これらの費用の一部は、キャッシュレス決済比率の増大によって軽減できるかもしれない。また、納税手続きにおいて、現金納付ではなく口座振替等のキャッシュレス化を進めることで課税当局の事務費用を削減する努力は従来から行われてきた。さらに、脱税やマネロン対策としての高額紙幣廃止論も、現金決済に伴う社会的費用を低下させる意図を持っている。しかし、現金決済に伴う社会的費用を軽減するために採用すべき政策は、現金利用の抑制策であって、キャッシュレス化の推進はやや迂遠な政策である。

　キャッシュレス化は、それ自体が政策目標ではなく、キャッシュレス化の中身を改善することで、キャッシュレス決済の利便性や効率性を向上させることが重要と考えられる。しかし、その場合の政策は、まず、どのような形でのキャッシュレス決済を推進するのが望ましいか、という中身の議論を行ったうえ

---

8 『週刊東洋経済』2019年3月9日号の記事（pp.32-33）によると、流通・サービス業における現金関連業務人件費5,000億円、銀行・コンビニにおけるATM設置・運営費5,700億円等、現金決済インフラ維持コストは年間1.5兆円にのぼるとされている。ただ、こうしたコストは仮に現金の利用を全廃できればゼロになるのであろうが、キャッシュレス決済比率を多少引き上げても比例的に減少するわけではなかろう。

第4章　キャッシュレス化の政策的インプリケーション　123

で実行される必要がある。単に、キャッシュレス決済比率が大きくなればよいというものではない。

　結局、政策的な観点からは、キャッシュレス化自体が重要なのではない。ある特定のキャッシュレス化が決済の効率性を向上させることにつながるなら、その特定のキャッシュレス決済を促進するためのインセンティブを与えることも考えられる。しかし、どのようなキャッシュレス決済を推進すべきかに関するコンセンサスが成立しているようにも見えない。キャッシュレス化の政策的含意を考えるにあたっては、幅広い視点が必要であり、キャッシュレス化の推進を通じてどのような成果を得ようとしているのか、を検討する必要がある。本稿では、キャッシュレス化によって利用可能となる決済情報をどのように政策に生かすのか、が重要なポイントとなることを主張するが、その準備作業として、次節で若干の概念整理を行っておくこととしたい。

3．若干の概念整理

(1) 決済と決済手段

　本稿では、決済とは、「資金などの受渡しを行うことにより債権・債務関係を解消すること（より簡単に言えば、お金の受渡しを行って、取引を終了させること）」[9]と考えておく。この定義はかなり幅広いものであって、民間取引における財貨・サービ

124　I　支払手段の多様化

スの対価支払いのような場合だけでなく、政府部門が関与する金銭等のやり取りである納税や社会保障給付などについてもカバーし得る。納税の場合は、納税義務者が課税当局に対して租税債務を負っている（また、課税当局は納税義務者に対して租税債権を有している）状況下で、納税義務者が納税を行うことで課税当局との間に存在していた債権・債務関係が解消されると考えることができる。また、社会保障給付の場合は、社会保障給付に対する請求権を持つ受給者が当該給付を行う債務を負う社会保障当局から給付金額を受け取ることで、両者の間に存在していた債権・債務関係が解消される。

　次に、決済手段とは、「決済の際に受払いされるお金（現金や預金）」[10]である。現金を決済手段とする決済が現金決済である。銀行預金振替のように、銀行預金を決済手段としてその受払いによって行われる決済は、キャッシュレス決済の一種である。それでは、預金振替以外によるキャッシュレス決済については、どのように考えればよいのであろうか。例えば、プリペイドカードにチャージして用いられる電子マネーの場合、決済手段の一種としての機能を果たしているように見えるが、場合によってはその機能に一定の制約がある。例えば、資金移動業者の送金サービス1回あたりの限度額があったり、プリペイド

9　中島・宿輪（2013；p.2）による決済の定義。この定義における「資金」や「お金」とは何か、という問題は残るが、ここでは貨幣概念についての検討は行わない。

10　中島・宿輪（2013；p.1）。

カードにチャージされた電子マネーを現金化することができなかったりする。したがって、電子マネーは不完全な決済手段と考えるべきなのかもしれない[11]。また、仮想通貨（暗号資産）[12]についても、その支払いが常に受領されるとは限らず、決済手段ではあり得るとしてもその機能は不完全である[13]。しかし本稿では、電子マネーや仮想通貨（暗号資産）についても、広い意味での決済手段に含めることとしたい。

(2) キャッシュレス決済の4つの型

現金決済以外の決済をキャッシュレス決済とした場合、その中にさまざまな仕組みが混在している。そこで、後の議論における整理の便宜上、ここでは川野（2018）に従って、キャッシュレス決済の様式を次の4つの型に分類する。

① 銀行預金を使った支払い（銀行口座間の送金のほか、公共料

---

11 後述するように、電子マネーは「仕組み」として把握されるものであり、電子マネーにおいて用いられるトークン自体を電子マネーと呼ぶのは必ずしも適切でない。ここでは、当該トークンを電子マネーと仮に呼んだ場合を、それは決済手段の一種と考えてもよいのではないかと述べているに過ぎない。

12 本稿で「仮想通貨（暗号資産）」という冗長な表現を用いるのは、いわゆる仮想通貨は「通貨」の用件を備えておらず、暗号技術を用いてデジタル信号に一定の価値を持たせた資産に過ぎないのではないか、という考え方があることに配意したものである。しかし、いわゆる仮想通貨（の少なくとも一部）を通貨と位置づけることは可能であろう。

13 他方、仮想通貨（暗号資産）には、国際的な支払いを行う場合の手数料が銀行間の預金口座振替の場合よりもはるかに安い場合がある。また、後述するように、パブリック・ブロックチェーンを用いた仮想通貨（暗号資産）には、従来の決済手段には見られない画期的な特質がある。

126 I 支払手段の多様化

金などの自動引き落とし、クレジットカード・デビットカードを
用いた決済も含む。）

② 電子マネー（銀行の振替システムを使わずに、独自のトーク
ンを使って支払いサービスを提供する仕組み）

③ 仮想通貨（暗号資産）

④ 電子通貨（e-cash）

　上記のうち、昨今のキャッシュレス化に関する議論において
特に注目を集めているのは、②の電子マネーかもしれない。し
かし、上記の通り、電子マネーは一種の仕組みであって、その
仕組みにもさまざまな形態のものがある。したがって、電子マ
ネーの仕組みにおいて用いられるトークン類似のもの（電子
データ）自体を電子マネーと呼ぶことは必ずしも適切ではな
い。キャッシュレス化の文脈で電子マネーが重要なのは、電子
マネーの仕組みが膨大な情報を利用可能にするからである。な
お、④の電子通貨は、中央銀行の発行する電子的な通貨である
が、まだ構想段階のものである。また、銀行の振替を用いずに
支払いを可能にする、という電子マネーの定義をすると、③の
仮想通貨（暗号資産）や④の電子通貨も、広義には電子マネー
の一種となってしまう。本稿ではとりあえず、銀行の振替を用
いることなくキャッシュレス決済を可能にする仕組みから③と
④を除外したものを電子マネーと呼ぶ。

(3) 取引情報と決済情報

　決済情報は取引情報の一部と考えられる。決済が、資金等の

受渡しによって債券・債務関係を終了させ、取引を完了させることであることから、決済情報は当該取引の内容が確実に履行されたことを示す情報と位置づけられよう。後述するように、決済情報が生成され、利用されるパターンは決済の方式によって異なる。

本稿では、主体1と主体2の間で何らかの取引関係が生じて、主体1が主体2に対して債権を持ち、主体2は主体1に何らかの決済手段を用いて支払いを完了する、という状況を考える。主体の種類としては、企業（Bと表示）、消費者（Cと表示）、公的機関（Gと表示）などが考えられる。決済が行われるためには、決済を可能にする仕組みが必要であり、その仕組みを提供する主体を「決済プラットフォーム」（Pと表示）と呼ぶことにする。

⑷ 決済プラットフォーム

現金決済の場合にも、キャッシュレス決済の場合にも、決済手段を適切に管理することによって、その決済手段を用いた決済の仕組みを機能させる役割を果たす決済プラットフォームが必要である。決済プラットフォームは決済手段によって異なる。例えば、現金決済における（主たる）決済プラットフォームは中央銀行であり、銀行振替における（主たる）決済プラットフォームは民間銀行である。電子マネーの場合には、通常は電子マネー発行事業体が決済プラットフォームとなる。一般に、デジタル技術を用いたキャッシュレス決済においては、決

済プラットフォームは、決済情報や当該決済に関する取引情報について、広範なアクセス権限を有する。（決済プラットフォームは、十分な情報アクセス権限なしには、キャッシュレス決済システムを機能させることができない。）決済プラットフォームが決済情報を入手した場合、それをどのように利用するか、あるいはしないかは、決済プラットフォームの性格によって大きく異なる。

4．決済プロセスの分析

　本節では、簡単な図を用いて、さまざまな決済方式における情報の流れを比較する。決済が行われる状況としては、さまざまな場合があるが、本節では、主体1から主体2に何らかのサービスが提供されることで、両者間に債権・債務関係が生じ（主体1が主体2に対して債権を持ち、主体2が債務を負う）、主体2から主体1に対価が支払われることで債権・債務関係が消滅するというプロセスを想定する。ここでは、仮に、主体1は企業、主体2は消費者の場合、すなわち、B2C取引の場合における決済プロセスを考える。（決済と決済情報をめぐる状況は、主体1と主体2の属性にはかかわらない。B2C取引を想定するのは、イメージしやすいという便宜的理由による。）

　以下に示す図の中で、点線の矢印は情報の流れを示し、点線の矢印の脇に表示した ｛ ｝ の中は、伝達される情報の内容を示すこととする。但し、一般に、ネットワーク上のデジタル情

報については、物理的にはすべての主体に潜在的につながっていて、特定の「場所」に存在するわけではない。従って、点線の矢印によって示された「情報の流れ」とは、矢印の終点にある主体が矢印の起点にある主体に対して一定の情報アクセス権限を有する、という意味である。キャッシュレス決済においては、決済プラットフォームは決済情報へのアクセス権限を持つので、多くの点線矢印が決済プラットフォームに向かうことになる。

(1) 現金決済の場合

図表1を参照されたい。ここでは、主体1の企業（B1）から、主体2の消費者（C2）にサービスが提供され、C2はB1にその対価X円を現金で支払うことを想定している。現金の発

図表1　現金決済の場合

(出所)　筆者作成。

行主体である中央銀行は、現金決済に関するプラットフォーム（P）である。（なお、現金が決済において円滑に用いられる条件として、偽札等の利用を困難にする印刷技術等も必要であることから、図表1では、現金決済を支えるプラットフォーム（P）の一部として、印刷局も括弧書きで表示している。）

現金決済においては、取引当事者（B2とC2）間で、支払われたモノとしての「現金」が決済に用いることができる正規の紙幣であることが確認されることによって決済が完了する。ここで重要なのは、決済の完了が当事者間で確認可能なために、決済情報をそのプラットフォームに送って決済の完了をオーソライズしてもらう必要がないことである。従って、現金決済においては、取引当事者から決済プラットフォームへの情報の流れがない。逆に言うと、決済プラットフォームが決済情報にアクセスできない[14]。

⑵ 銀行口座振替による決済の場合

図表2を参照されたい。ここでは、C2がB1に対してサービスの対価を銀行口座振替で支払う状況が想定されている。すなわち、対価X円がC2の口座（口座2）からB1の口座（口座1）に振り込まれる。ここではB1とC2がともに同じ銀行に口座を

---

[14] 図表1において、B1やC2からPに対する点線矢印が引かれていないことに留意されたい。もっとも、そもそも中央銀行には、個々の現金取引に関する情報を入手しようとする特段のインセンティブはない。現金決済が用いられた取引に関する情報にアクセスしたいのは課税当局等であろうが、現金取引に関する情報を入手することは困難である。

第4章　キャッシュレス化の政策的インプリケーション　131

持っているという前提を置いている[15]。この場合、決済プラットフォームである銀行（P）は、C2からの支払い依頼に応じて、口座2の残高をX減少させ、口座1の残高をX増加させる。取引当事者は、自らの口座における取引内容に関する入金・出金情報と残高の変化をみることで、決済が完了したことを確認することができる。

　図表2からわかるように、銀行は、口座を保有する顧客（B1およびC2）の本人情報と口座情報を常に把握し、口座を管理し続けることによって、決済プラットフォームとしての機能を果たしている。民間銀行は、口座を開設している顧客に関する詳細な本人確認情報を持っている。しかし、通常、民間銀行は、各顧客の口座残高には関心を持っても、口座保有者間の個々の取引情報（例えば、当該支払いがどのような内容の取引における対価なのか、といった情報）にはそれほどの関心を持っていないかもしれない[16]。近年、デジタル技術の発展によりビッグデータとAIを組み合わせることによって、有用な情報を得ることが明らかになってきたことから、今後は、銀行もその顧客に関する信用審査等の観点から、決済情報を超える取引情報も銀行業務に（さらに、銀行や銀行グループによる、より広い範囲のビジネスに）有用であると考え、銀行口座情報から容易に

15　B1とC2が異なる銀行に口座を持つ場合には、銀行間決済システムを表示する必要がある。

16　但し、銀行が支払う利子の場合のように、銀行に源泉徴収義務が課されているような場合には、銀行はその義務を果たすために支払いの中身に関心を持たざるを得ない。

132　Ⅰ　支払手段の多様化

図表2　銀行口座振替の場合

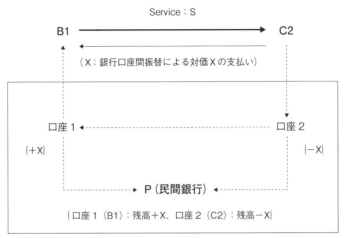

(注)　B1とC1が異なる銀行に口座を持っている場合には、上図の「P（民間銀行）」は、「P1・銀行間決済システム・P2」という構造を持つ。（国際決済の場合は複雑）
(出所)　筆者作成。

（かつ独占的に）入手できる取引情報の活用により力を入れるようになっていくかもしれない[17]。

　クレジットカードを用いた決済も、銀行口座振替の応用編と考えることができる。すなわち、クレジットカード会社が提供する決済システムは、銀行の決済システムの上に重複して存在している。図表2'を参照されたい。銀行が基盤となるプラットフォーム（P）であって、クレジットカード会社はその上に乗るプラットフォームであることから、P'と表示している。

---

[17] 銀行のイニシアティブによる電子マネーの導入の動きも、そのような問題意識に基づくものかもしれない。

図表2' クレジットカード決済の場合

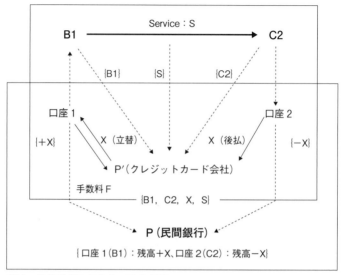

(注) 手数料が3％なら、F=0.03X
(出所) 筆者作成。

クレジットカードによる決済が成立するためには、B1が当該クレジットカードによる支払を受け入れる加盟店として、また、C2が当該カードの保有者として、ともにクレジットカード会社P'の顧客となっていることが必要である。クレジットカード会社は、C2からB1への支払いを立て替えるとともに、C2に関する貸し倒れリスクを負うが、そのことによって、C2からB1へのキャッシュレス決済を可能にしている。このようなサービスをカード加盟店とカード保有者の双方に提供する代わりに、クレジットカード会社は双方（あるいはその片方）の

顧客から手数料を徴収することで収益を挙げている[18]。クレジットカード会社は、加盟店とカード保有者をグローバルに囲い込むことで、国際的な決済の円滑化にも寄与している。

クレジットカード会社は、銀行以上に個々の取引情報を収集し、顧客の審査やサービスの提供に活用しているものと考えられる。図表2'においては、民間銀行PがB1とC2からその口座情報のみを収集しているのに対し、クレジットカード会社はB1とC2の間における取引に関する情報（B1がC2にサービスSを提供し、C2がB1に対価Xを支払ったという情報）を収集している。

(3) 電子マネーを用いたスマホ決済の場合

図表3を参照されたい。前述の通り、電子マネーは、銀行の振替システムを使うことなくキャッシュレス決済を可能にする仕組みであって、多様なものがある。図表3は電子マネーのうち、プリペイド方式で銀行口座に直接リンクしておらず、QR方式によってスマホを用いて決済を行う電子マネーの場合を示している[19]。この場合、B1とC2は電子マネーをやり取りするための電子的な財布（ウォレット）を持っていると考えられる

---

18 図表2'では、クレジットカード会社は加盟店（B1）のみから手数料（F）を徴収するケースを示している。なお、クレジットカード会社の価格戦略等におけるそのmultisided platformとしての特質については、Evans and Schmalensee（2016）を参照。

19 銀行口座と結びついた電子マネーの場合は、図表2'のように銀行口座との関係を明示する必要があろう。

第4章 キャッシュレス化の政策的インプリケーション　135

図表 3　電子マネー（スマホ決済）の場合

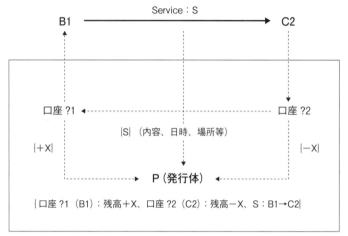

(出所)　筆者作成。

ので、それを「口座？」と表示している。決済が行われると、B1 のウォレットにある電子マネーが X 増加し、C2 のウォレットの残高は X 減少する。決済が行われた時点で、取引情報が発生し、当該情報は発行体によって把握される。

電子マネー決済のプラットフォームである発行体は、民間銀行等の金融機関であってもよいが、それに限らない。金融機関以外の電子マネー発行体は、決済サービスの提供自体を主要業務としているわけではなく、当該発行体の管理する（当該発行体のアプリを通じてやり取りされる）電子マネーを用いて行われる取引に関する情報を得るために決済プラットフォームとしてのサービスを提供している。図表 3 においては、電子マネーの

発行体Pが、B1とC2の保有するウォレットの残高だけでな
く、その取引内容に関する詳細な情報を入手している。電子マ
ネーの利用者は、自分のウォレットにある電子マネーの残高に
しか感心がない場合もあるが、発行体は各利用者が保有する電
子マネーの残高を管理するだけでなく、個々の詳細な取引情報
を収集し分析する。図表3に示されているように、スマホ決済
（あるいはQRコードを利用するモバイル決済）においては、取引
の内容と対価の金額だけでなく、取引が行われた日時や場所に
ついても正確に把握できる。（このことは、モバイル決済情報の
有用性を増すとともに、個人情報上の懸念も生じるかもしれない。）

　このように、電子マネーの発行体は、顧客の詳細な取引情報
を把握することで、顧客の行動や嗜好等に関する分析を行い、
顧客に対するサービスを向上させるとともに収益の拡大を図
る。例えば、アマゾンが「アマゾンペイ」という決済サービス
を提供する目的は、顧客の経験価値の向上（カスタマーエクス
ペリエンス）や小売・ECの強化であり、それによって実現され
るアマゾン経済圏の拡大であって、決済サービスの提供はその
ための一手段に過ぎないとされている[20]。

　このような状況下で、電子マネーの発行体が顧客の囲い込み
を行おうとすることはむしろ当然であろう。発行体の目的は、

20　田中（2019）p.34。これに対して、アリババの場合は、当初から決
　済に注力し、アリペイという決済アプリを入り口に、アリババグループ
　が提供する様々な生活サービスへとユーザーを誘導し、アリババ経済圏
　を拡大するという戦略をとっている、とされている（田中（2019）
　p.36）。

第4章　キャッシュレス化の政策的インプリケーション　137

決済手段の提供ではなく、自社がプラットフォームとなる電子マネーを使ってくれる顧客を増やし、顧客の取引情報を把握することで、顧客へのサービス等を向上させ、収益を増大させることである。したがって、電子マネー発行体がポイントの付与等を通じて顧客を増やそうとするのは当然であろう。日本において、様々な電子マネーが「乱立」しているのは、電子マネー発行体間の競争が激しくなっていることの反映であり、特定の電子マネーによる決済のシェアがまだ大きくならないのは、電子マネーの競争力が、現金決済や銀行口座振替、クレジットカード等の既存の決済手段に十分に追いついていないからであろう。仮に、日本において、中国におけるアリペイやウィーチャットペイのような圧倒的に強力な電子マネーが登場した場合、日本の「キャッシュレス化」は大いに進展したことになるであろうが、同時に、その強力な電子マネーの発行体に膨大な取引情報が集中することになろう。

(4) 仮想通貨（暗号資産）を用いた決済の場合

　仮想通貨（暗号資産）を用いた決済もキャッシュレス決済の一種であるが、パブリック・ブロックチェーンの技術を用いた仮想通貨（暗号資産）は、電子マネーの場合と全く異なり、特定の管理主体が存在しない。したがって、特定の管理者が決済情報（やそれを含む取引情報）を収集して活用するといったことは考えられておらず、むしろ、現金と同様、取引の匿名性を担保することが目指されている場合がある。

図表 4　ビットコイン等の仮想通貨（暗号資産）の場合

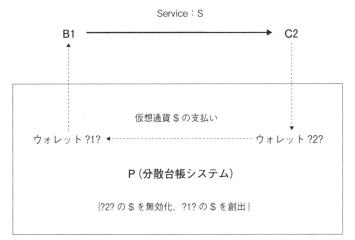

(出所)　筆者作成。

　図表 4 を参照されたい。B1 から C2 へのサービス提供の対価として、＄単位のビットコインが用いられたものとする。このとき、C2 のウォレットの＄単位のビットコインが無効（使用不能）となり、B1 のウォレットに＄単位の使用可能ビットコインが創出される。この結果、ビットコインの利用者やシステムの管理者は、図表 4 の「？ 1 ？」というウォレットアドレスをもった主体が＄単位のビットコインを使用できることを確認できるが、そのウォレットアドレスが具体的に誰のアドレスであるのかはわからない。こうして、ビットコインについては、その取引状況がオープンになるにもかかわらず、取引の匿名性を保つことができる[21]。

実際には、ビットコイン等の仮想通貨（暗号資産）が一般的な取引における決済手段として用いられることは少なく、投資（あるいは投機）対象として保有される場合が多いと言われている。また、仮想通貨（暗号資産）はどの国の当局のコントロール下にもないことから、各国当局は、仮想通貨（暗号資産）を用いた取引情報について、国内の仮想通貨（暗号資産）取引仲介業者等を通じてアクセスできるに過ぎない。このため、仮想通貨（暗号資産）が国際的な脱税やマネーロンダリングに利用される懸念も強い[22]。もちろん、仮想通貨（暗号資産）を成り立たせている技術基盤、特にブロックチェーンの技術は今後、公共セクターを含め広範に活用されていく可能性が高い[23]。しかし、ビットコインのような仮想通貨（暗号資産）を成り立たせる仕組みが画期的なイノベーションであることは否定できないものの、当面は、パブリック・ブロックチェーンの技術を用いた仮想通貨（暗号資産）が決済手段として広く利用される可

---

[21]　ウォレットの番号からその所有者を割り出すことが絶対にできないかどうかについては不確かな点があり、この問題に対処するために、ビットコインよりもさらに匿名性を高めた仮想通貨（暗号資産）の仕組みも存在するようである。本稿では、仮想通貨（暗号資産）やブロックチェーンの仕組みについての詳細を述べることはできない。これらの点については、例えば杉井（2017）を参照。

[22]　仮想通貨（暗号資産）を悪用する手段があるために、その市場価値が保たれている可能性すらある。

[23]　但し、広範な利用が期待されるのは、その管理者や参加者が限定されるプライベート・ブロックチェーンであり、ビットコインを成立させているオープンなパブリック・ブロックチェーンについては、理論的には重要であっても、広範な実用化は困難かもしれない。杉井（2017）を参照。

能性は低いと考えられる。

(5) 電子通貨を用いた決済の場合

電子通貨 (e-cash) は、各国当局による構想の段階で、まだ実用化されているわけではないが、中央銀行が直接発行する電子的な支払い手段である。中央銀行が電子通貨を発行することで、各取引当事者があたかも中央銀行に直接口座を持ち、その口座間で振替決済が行われることになる。図表5を参照されたい。また、仮に電子通貨にIDを付すことができて、かつ、電子通貨の利用者の口座にもIDを付すことができれば、特定の電子通貨（図表5ではXiと表示）の取引経路を電子通貨のプラッ

図表5 電子通貨（ID付）の場合

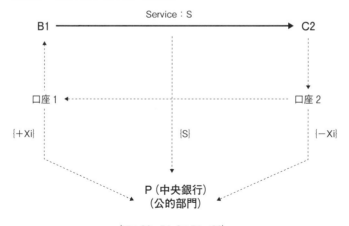

(出所) 筆者作成。

トフォームである中央銀行が把握できることになる。

しかし、一般に、電子通貨決済のプラットフォームである中央銀行は個々の取引情報を収集することにあまり関心はないと考えられる。むしろ、他の政府部門（例えば、課税当局や社会保障当局）にとって極めて有用な情報となるであろう。但し、公的部門が有用な情報にアクセスできるという理由で電子通貨の導入を図ることについては、個人情報との関連も含め、慎重な検討が必要かもしれない。個人情報保護の観点からは、仮に電子通貨を導入する場合にも、IDをつけずに、個々の取引の匿名性をある程度保てるようなシステム設計を行うべきであるとする見解もあり得よう。

5．政策的観点からの検討

(1) 決済システムの類型化

本節ではまず、これまでに検討してきた現金及びキャッシュレス決済の類型化を試みる。図表6を参照されたい。図表6では、各種の決済システムにおいて、どのようなプラットフォームによって運営され、それぞれの場合に当該プラットフォームがアクセスする情報がどのようなものか、についてまとめたものである。まず、現金決済におけるプラットフォームは中央銀行であるが、現金決済はデジタル情報を生まないので、中央銀行は決済情報にアクセスできない（また、中央銀行の立場からは

142　Ⅰ　支払手段の多様化

図表6　決済システムの類型化

P ＼ Pのアクセス情報	原則なし	決済情報	取引情報
中央銀行 市中銀行	現金	（準備預金） 預金	電子通貨 （電子マネー）
各種事業体			電子マネー
（分野管理）	仮想通貨		

（注1）　Pは決済システムのプラットフォームを示す。
（注2）　取引情報は決済情報を含む。
（出所）　筆者作成。

アクセスする必要もない）。

　次に、預金すなわち銀行口座を用いた決済について、そのプラットフォームは銀行（中央銀行と市中銀行を統合した銀行システム）であるが、銀行は、伝統的に、決済サービスの提供自体が収益源とされてきたこともあって、銀行口座の管理はしても、個々の取引情報を活用するインセンティブはあまりなかった。したがって、銀行が積極的にアクセスする情報は狭義の決済情報に限られる場合が多かった。また、デジタル技術が広く普及するまでは、広範に用いられる決済手段を提供できるのは、中央銀行・市中銀行のヒエラルキー構造を持った銀行システムに限られていた[24]。

　近年の決済システムにおける重要な進展は電子マネーの出現である。図表6に示されているように、電子マネーには二つの

第4章　キャッシュレス化の政策的インプリケーション　143

側面がある。ひとつはそのプラットフォームとなる発行体が金融機関に限らず、むしろ、巨大IT企業がリードしていることである。それ以上に重要なのは、このように広範な事業体が電子マネーの発行体（プラットフォーム）となって、膨大な取引情報を活用し、金融サービスと非金融サービスを統合した総合的な巨大企業となりつつあることである。これは、アマゾンやアリババのような海外の企業に限らず、日本における楽天・LINE・ソフトバンク・メルカリ等についてもある程度当てはまる。

　デジタル技術によって膨大なデータが収集・分析可能となり、情報が価値創造のコアとなるに至った状況で、決済情報へのアクセスについて、銀行システムの独占が崩れ、多種多様な企業が電子マネーを発行し、激しい競争が生じている。決済情報は取引情報の一部に過ぎないが、取引が一定の対価支払いとともに完了したことを示す極めて重要な情報であり、決済情報へのアクセスは多くの企業にとっての大きな収益源となり得る。他方、銀行が自ら保有する決済情報を積極的に活用する動きは、少なくとも日本ではこれまであまり見られなかった。但

24　この状況は近年変化しており、金融機関が電子マネーの発行等を通じて取引情報にアクセスしようとする動きが出ている。この背景には、IT企業等の電子マネー発行によって、銀行システムによる決済サービス独占が崩れ、金融サービスとその他の顧客サービスの垣根がなくなってきたことから、金融部門と非金融部門の相互分野への参入を含む広範な競争が展開されるようになってきたという事情がある。なお、田中（2019）に紹介されているシンガポールのDBS銀行は、徹底的にデジタル化を図ることで生き残りを目指す金融機関の事例として興味深い。

し、近年の銀行による電子マネー発行の動きは状況の変化を示唆している。銀行が発行する電子マネーは、事業会社のものと異なり、現金化や預金化を可能とすることができるので、決済手段としてより完成度が高いものとなろう。また、銀行が膨大な銀行口座情報を有している状況には変化がなく、銀行は顧客の口座情報を核にしてさらに新しいビジネスを開始しようとしているのであろう。金融機関におけるオープンAPIの動き等もこのような観点から捉えることができるのかもしれない。

(2) キャッシュレス化の政策的意義

本稿では、キャッシュレス化を決済情報のデジタル化と捉えた上で、各種のキャッシュレス決済システムを比較・検討してきた。本稿2.では、キャッシュレス化を脱現金化と規定したが、図表6に示したように、キャッシュレス取引にも様々な種類がある。したがって、キャッシュレス化をキャッシュレス決済比率から見るだけでは不十分であり、キャッシュレス化の中身を検討するべきであろう。その際、デジタル決済情報にアクセスする主体とその目的を十分に考慮する必要がある。

田中（2019）は、キャッシュレス化の進展を以下のように整理している[25]。

---

25 本稿の整理からすると、クレジットカードの時代の前に、銀行システムの確立（銀行口座振替によるキャッシュレス決済の出現）を入れるべきなのであるが、田中（2019）は伝統的な金融機関のあり方を出発点にそこからの変化としてのキャッシュレス化を考えているので、クレジットカードの段階からキャッシュレスの議論を始めている。

第4章　キャッシュレス化の政策的インプリケーション　145

「キャッシュレス1.0」：クレジットカードの時代

「キャッシュレス2.0」：電子マネーの時代

「キャッシュレス3.0」：モバイルペイメントの時代（2019
年現在）

「キャッシュレス4.0」：顔認証決済・音声決済・IoT決済
の時代

　上記のうち、クレジットカードを用いたキャッシュレス決済については、銀行口座振替決済にクレジットカード会社独自のクレジット機能を付加したものと整理される[26]。電子マネーについては本節(1)で述べたが、「キャッシュレス2.0」における電子マネーはカード式の旧来の電子マネーをイメージしているのであろう。図表6の整理では、キャッシュレス3.0と4.0も電子マネーの発展形態である。モバイルペイメントの機能についても、本稿2．(2)で検討した。今後の顔認証・音声認証等については、デジタル技術が十分に進展すると、決済のための特別な仕組みを意識することなく決済を完了できるようになることを示唆している。但し、この段階になると、決済プラットフォームは、より詳細で微妙な情報も収集・分析するようになるのかもしれない。（例えば、消費者の商品購買時における動作や表情を分析して当該消費者の当該商品に対する主観的な評価の大きさを推計するといったことが行われ、マーケティングに活用されるといったことが行われるかもしれない。）その場合、プラットフォーム

26　そのため、図表6にはクレジットカードは記載していない。

の提供する顧客サービスの水準はいっそう高まるとともに、個人情報利用についての懸念もさらに大きくなるかもしれない。いずれにせよ、上記の田中（2019）によるキャッシュレス化の進展区分は、キャッシュレス取引の進化によって決済プラットフォームがより詳細な情報にアクセス可能になる過程を示しているものと解釈できよう。

　図表6の仮想通貨（暗号資産）については、デジタル技術の発展によって、より詳細な個人情報が利用可能になることへの懸念をデジタル技術（特に、暗号技術）によって対応する試みのひとつと位置づけることが可能である。すなわち、パブリック・ブロックチェーンを用いて、特定の管理者なしに匿名性のある決済手段を提供しようとする仮想通貨（暗号資産）は、公的部門の介入なしに個人情報を保護できる理想的な仕組みかもしれない。しかし実際には、仮想通貨（暗号資産）の市場価値は不安定であり、脱税やマネーロンダリング等に悪用されるリスクも考慮すれば、仮想通貨（暗号資産）が今後、主要な決済手段として定着していくという見通しは立てにくい。

　最後に、図表6の電子通貨は、キャッシュレス化の政策的含意を考える上で、電子マネーとともに最も重要である。仮に、電子通貨が発行され、そのプラットフォーム（直接には中央銀行であるが、広義には公的部門全体を考えてもよいであろう。）に膨大な取引情報が収集できた場合、政策的観点からはどのような評価が可能であろうか。利用可能になったデータを望ましい方法で利用できる限り、あえてデータを消去したりせずに、活

用することが望ましいと一般には考えられる。民間の事業体を
プラットフォームとする電子マネーの取引情報を公的部門が収
集して課税目的等に利用することも、一定の範囲で可能かもし
れないが、電子通貨については、それが民間取引に使われる場
合にも、その取引情報に対して公的部門が直接アクセスするこ
とが可能であろう。特に、電子通貨にIDを付した場合には、
より詳細な情報が入手できるかもしれない。

　しかしここで提案したいのは、民間取引における電子通貨決
済からの情報収集ではなく、むしろ、公的部門と民間部門間の
決済における電子通貨類似の仕組みの適用である。特に、社会
保障給付のキャッシュレス化を図る際に電子マネーの仕組みを
適用できるのではないかと考えられる。例えば、アメリカで導
入されているDirect Express Cardの仕組みは簡単なものであ
るが、社会保障給付に電子通貨を適用した場合と同じような効
果を持つかもしれない[27]。アメリカでは、1996年のDebt
Collection Improvement Actによって、税金の還付を除くすべ
ての連邦政府の支払いを電子化することが規定されたが、実際
には銀行口座を持たない者に対する支払いは、小切手の送付が
継続していた。そこで、2006年、財務省はDirect Express
CardというMaster CardブランドのGRP（general purpose
reloadable）プリペイドカードを導入した。これによって銀行
口座を持たない者にも電子的に送金できるようになり、電子化

---

[27] Direct Express Cardに関しては、淵田（2017；p.215-）、及びDirect
　Expressのウェブサイトhttps://www.usdirectexpress.com/を参照した。

148　Ⅰ　支払手段の多様化

率は100%となった。

　日本においても、せっかくマイナンバーカードの仕組みを導入したのだから、その優れた特質をより積極的に活用していくべきであろう。マイナンバーカードは近い将来（2020年度中にも？）健康保険証としても使えるようになるとされているが、さらに、年金や生活保護給付、様々な状況下で支給される臨時の給付金等の支給に使うことにすれば、マイナンバーカードの普及率も向上し[28]、行政コストも節約できよう。すなわち、年金や生活保護給付等を該当者のマイナンバーカードに電子的に送付し、それを電子マネーとしても使えるようにするとともに、郵便局等で現金として引き出せるようにしたらどうであろうか。（もちろん、希望者にはカードを経由して銀行口座に送金することも可能であろう。）マイナンバーカードに送付された給付金が電子マネーとして使用されれば、その取引情報を社会保障当局が把握し、社会保障政策の改善に役立てることができる。マイナンバーカードのICチップスに搭載された電子証明書を用いると、マイナンバー自体を使わずにオンラインで本人確認できるので、マイナンバーカード上に仮想的に設定される各保有者の「口座」がマイナンバーと直接リンクしない制度設計も可能であろう。

　一般に、ビッグデータの利用については、個人情報の観点から消極的な意見も多い[29]が、マイナンバー制度[30]においては、

28　2019年4月現在のマイナンバーカード交付枚数の対人口比は13％に過ぎない。

第4章　キャッシュレス化の政策的インプリケーション　149

個人情報の分散管理[31]が行われており、効率性を犠牲にしてまで個人情報の保全に留意されている。少なくとも、外国企業によるビッグデータ利用に比べれば懸念の度合いは小さいであろう[32]。個人情報に関する議論は、イデオロギー的色彩を帯びがち[33]であるが、公的部門によるビッグデータ利用の可否については、イデオロギーではなく、社会的便益と社会的費用の比較から検討を行うべきである。個人情報上の懸念に関する社会的費用を算定することが困難なのは確かであるが、このような観点からの検討は今後の電子政府の発展[34]を進めていく上で不可欠である。マイナンバー制度を核にして攻撃されにくい強固なデータベースの構築を図ることが、国民の個人情報保護に資する面もある。引き続き幅広い検討が行われていくことが期待される。

---

29 例えば、武邑（2018）、山本（2017）、リッポルド（2018）。

30 内閣府のウェブサイトhttps://www.cao.go.jp/bangouseido/seido/index.htmlを参照。

31 ここでの「分散管理」とは、特定の機関が個人情報を一元的に管理することはない、という意味であって、パブリック・ブロックチェーンにおける分散管理とは異なる。

32 田中（2019）p.186-7におけるアリペイ等に関する記述を参照。

33 武邑（2018：p.162）は、個人データの主権と管理をめぐる国家間の考え方の違いに起因する対立を、かつての東西対立に代わる「新たな冷戦」と位置づけている。

34 「電子政府」という表現はあまり使われなくなったが、2019年5月にいわゆる「デジタル手続き法」が成立する等、その進展に向けた動きは徐々に継続している。

150　Ⅰ　支払手段の多様化

【参考文献】

川野祐司（2018）『キャッシュレス経済：21世紀の貨幣論』文眞堂。

杉井靖典（2017）『いちばんやさしいブロックチェーンの教本』インプレス。

高木浩光、山口利恵、渡辺創（2013）「国家による個人識別場号とその利用システムのあり方」『情報処理学会研究報告』Vol.2013-CEEC-61 No.29。

武邑光裕（2018）『さよなら、インターネット：GDPRはネットとデータをどう変えるのか』ダイヤモンド社。

田中道昭（2017）『アマゾンが描く2022年の世界』PHPビジネス新書。

田中道昭（2019）『アマゾン銀行が誕生する日：2025年の次世代金融シナリオ』日経BP社。

中島真志、宿輪純一（2013）『決済システムのすべて』（第3版）東洋経済新報社。

淵田康之（2017）『キャッシュフリー経済：日本活性化のFinTech戦略』日本経済新聞出版社。

山本龍彦（2017）『おそろしいビッグデータ：超類型化AI社会のリスク』朝日新書。

リッポルド, ジョン・チェニー（2018）『WE ARE DATA アルゴリズムが「私」を決める』（高取芳彦訳）日経BP社。

渡辺智之（2017）「消費税システムの基礎：再考」『租税研究』第813号。

渡辺智之（2019）「デジタル・プラットフォームと国際課税」日本機械輸出組合。

Evans, David S. and Richard Schmalensee（2016）*Matchmakers: The New Economics of Multisided Platforms*, Harvard Business Review Press.（邦訳は『最新プラットフォーム戦略：マッチメイカー』（平野敦士カール訳）朝日新聞出版、2018年）

Gupta, Sanjeev, Michael Keen, Alpa Shan, and Genevieve Verdier eds. (2017) *Digital Revolution in Public Finance*, International Monetary Fund.

第 5 章

キャッシュレスの
普及に関する考察

木村　遥介[1]

1　財務省財務総合政策研究所総務研究部研究官

要　旨

　支払手段には、間接ネットワーク効果が存在する。すなわち消費者にとって、ある支払手段を使うことのできる事業者が多ければ多いほど、その支払手段の利便性が大きくなり、事業者にとって、ある支払手段を利用する消費者の数が多ければ多いほど、その支払手段の利便性が大きくなる。間接ネットワーク効果が存在する市場（両面性市場）であるクレジットカード市場において、クレジットカード会社は、消費者と事業者に対する価格を非対称にすることで利潤を最大化させることができる。すなわち、消費者に対して利用料金を低く、あるいはゼロに設定する一方で、事業者に対してはプラスの利用料金（手数料）を設定する。

　他方、近年のキャッシュレス支払手段を提供する企業は、消費者・事業者の双方から収益を獲得していない場合がある。これは支払手段のシェアを獲得することが他の事業の収益に対して正の効果を与えると企業が期待していることを示唆している。さらに、消費者や利用者が支払手段を利用する際に発生するコストに注目して、支払手段を選択することを確認した。手数料や支払いスピードのようなコストが支払金額と連動する場合、支払金額について支払手段の棲み分けが生じる。ただし経済環境によって利用者コストは変化しうるため、ATMの供給動向やキャッシュレス支払手段のイノベーションによって、支払手段の普及がどのようなペースで進むかを判断することは難しい。

1. はじめに

　近年の技術の発展によって、人々の生活が変化しつつある。その一つとしてキャッシュレス支払いが挙げられるだろう。キャッシュレス支払いとはその名の通り、支払いの際に現金（キャッシュ）を使用しないことを意味する。これは単に利用者の利便性を向上させるだけなのだろうか。あるいはキャッシュレス支払いをすることで、他の主体の便益も上昇するのだろうか。本稿の目的は、キャッシュレス支払いに関連する経済主体の選択行動について分析を行うことである。その際に注目することになるのは、プラットフォームである。

　プラットフォームとは、異なるネットワークを結びつける役割を果たすもののことである。クレジットカードを例にすると、クレジットカードを利用して支払う消費者のネットワークと、クレジットカードによる支払いに応じる加盟店のネットワークをクレジットカードは結びつけていると考えることができる。したがって、クレジットカードをプラットフォームであると考えることができる。

　消費者にとって、ある支払手段を使うことのできる事業者が多ければ多いほど、その支払手段を持つ価値が大きくなり、事業者にとって、ある支払手段を利用する消費者の数が多ければ多いほど、その支払手段を持つ価値が大きくなる。すなわち、プラットフォームを中心に消費者と事業者のグループが存在

し、一方のグループは他方のグループの大きさに関心を持ち、その大きさから正の外部効果を得ると考えることができる。このように価格以外の要因が、そのプラットフォームに対する需要に影響を与えうる。

従来のプラットフォームビジネスでは、一方のグループの価格（利用料金）を無料に設定して、他方のグループの価格を有料にするというビジネスモデルが観察される。しかしながら、現在の利用者獲得競争において、一方の利用者グループの利用料金を無料にすることに加えて、他方の利用者グループに対しては手数料を無料にするだけでなく「ポイント」や「クーポン」を付与することによって、シェアを獲得しようとしている。このような行動は合理的なプラットフォーム企業の行動と言えるのだろうか。

キャッシュレス支払いには、購入履歴情報をデータベースとして構築する可能性が秘められている。これはプラットフォーム企業が、消費者に対してキャッシュレス支払いを普及させるために、手数料を無料にするだけでなく「ポイント」や「クーポン」を導入する一つの理由と考えることができる。そしてこれらの行動が、プラットフォーム企業の利潤最大化行動と矛盾しないことがわかる。

プラットフォーム企業が情報を収集するインセンティブはなんだろうか。まず、プラットフォーム企業にかかわらず、企業による情報の収集・利用は、デジタル経済における典型的なビジネス戦略である。データベース・マーケティングのように、

収集した情報を分析し、消費者の選好に合わせた広告活動を行うことによって、売上や利益を成長させる役割を果たす（Blattberg et al., 2008）。情報量が多ければ多いほど、分析の精度が上がるので、企業にとってはたくさんの情報を収集するメリットが存在すると言えるだろう。

　既存の決済事業者に加えて、新興のプラットフォーム企業が決済ビジネスに参入することによって、支払手段の数は増加しつつある。消費者にとって、複数の支払手段を併用することは容易である。また、現在使っている支払手段から別の手段に乗り換えることも技術的に難しくない。本稿のもう一つの目的は、消費者や事業者が支払手段のどのような点に注目して選択し、結果としてどの支払手段が利用されるかを考察することである。そのためにそれぞれの支払手段のコストについて言及し、取引額と利用される支払手段の関係について議論する。

　本稿は以下のように構成される。2節では、キャッシュレス支払手段を提供するプラットフォーム企業の行動について議論する。3節では、支払手段の利用者がそれぞれの支払手段のコストに注目して選択を行うことについて議論する。4節は本稿のまとめである。

2．支払手段の両面性市場

　キャッシュレスとはどのような意味だろうか。おそらくキャッシュレスという言葉からイメージされるものに共通認識

は存在しない。そのような状況の下、経済産業省「キャッシュレス・ビジョン」は、キャッシュレスを「物理的な現金（紙幣・硬貨）を使用しなくても活動できる状態」として定義している。

キャッシュレス支払手段には、電子マネー、デビットカード、モバイルウォレット、クレジットカード等が存在する。例えば、電子マネーにはSuicaに代表される交通系ICカード、nanacoのような流通系ICカードなどが存在する。モバイルペイメントのようにスマートフォンで利用可能なタイプも存在する。

本稿で扱うキャッシュレス支払手段に関わる経済主体は、以下の３種類である。財・サービスを購入する「消費者」、財・サービスを供給する「事業者」、決済サービスを提供する「プラットフォーム企業」である[2]。消費者は財・サービスを購入するときに、支払手段を利用する。事業者は、消費者に財・サービスを販売するときに、支払手段を受け入れる。そしてこの時、支払手段というプラットフォームを提供する企業がプラットフォーム企業と呼ばれる。

あるキャッシュレス支払手段の普及が、消費者と店舗の選択に依存していることは自明である。それでは、それぞれの選択

2　経済産業省（2018）「キャッシュレス・ビジョン」は、キャッシュレス支払いに関係する主体として、消費者、事業者、政府の３つを挙げている。本稿では、事業者の中でもキャッシュレス支払いを提供する事業者と、キャッシュレス支払手段を選択・採用する事業者（店舗）の２つを扱い、政府を対象としない。

158　I　支払手段の多様化

図表1　プラットフォームの概念図

(出所)　筆者作成。

はどのような要因に依存して決まるのだろうか。

(1) 間接ネットワーク効果と両面性市場

プラットフォーム企業にとって、シェアを獲得するために注目すべきグループは2種類存在する。もちろんそれらは、プラットフォームを利用する消費者と事業者である。消費者にとって、ある支払手段を利用できる店舗が多ければ多いほど、その支払手段の利便性が大きくなる。同時に、事業者にとってある支払手段を利用する消費者の数が多ければ多いほど、その支払手段を持つ価値が大きくなる。したがって、プラットフォーム企業は、二つの利用者グループの間に存在する相互作用を考慮して、価格の設定を行うと考えられる。

プラットフォームを通して、複数のグループ（ネットワーク）が相互作用するとき、その効果を「間接ネットワーク効果」と呼ぶ。Rochet and Tirole (2003) は、この効果が存在する市場を理論的に分析し、「両面性市場」(two-sided market)

と呼んだ。彼らの研究を嚆矢として、多様な両面性市場に関する研究が行われてきた。支払手段の一つであるクレジットカードは、Rochet and Tirole（2003）が分析する際に念頭に置いた両面性市場の一つでもある。

　両面性市場は、どのような特徴を持つだろうか。クレジットカードの市場を例にしてみよう。クレジットカード会社は、クレジットカードを利用する消費者と事業者という2つの異なる顧客グループ（ネットワーク）に直面している。プラットフォーム企業は、間接ネットワーク効果を考慮して価格設定をする。すなわち、価格の変化に大きく需要が反応するグループの価格を下げて、もう一つのグループの価格を上げることで利潤を増大させる。

　プラットフォーム企業は、消費者と事業者の間で異なる価格を設定することで、より多くの顧客を獲得し、利潤を増大させることができる。次のように考えることができる。消費者に対する価格を下げると既存の利用者からの収入が減る一方で、利用者数が増える。同時に、消費者の利用者数が増えると追加的に収入が増える。消費者の利用者数が増えると間接ネットワーク効果により、事業者にとっての支払手段の便益が上がるので事業者の需要が増え、事業者からの収入が増える。事業者からの収入の増分が大きいとき、消費者の価格を下げるインセンティブがある。以上のようなメカニズムで、プラットフォーム企業であるクレジットカード会社は、消費者に対する価格を下げて利用者を増やし、間接ネットワーク効果を利用して、事業

160　I　支払手段の多様化

者の需要を増加させ、利潤を増大させることができる。

　両面性市場においては、一方のグループに対する価格（利用料金）を費用よりも小さく、あるいはゼロにして、もう一方のグループから収益を得るような価格戦略を取る可能性がある。

(2)　近年のプラットフォーム企業の価格戦略

　従来のクレジットカード市場は、Rochet and Tirole（2003）が分析したように、両面性市場における価格設定行動が観察される。しかしながら、支払手段市場に進出しているプラットフォーム企業の中には、支払手段を利用する2つのネットワーク（消費者と事業者）に対して、料金をほとんど課さないような価格戦略を取る企業が観察される。これらの価格戦略は、従来の両面性市場における価格戦略とどのような点で異なるのだろうか。

　支払手段を中心にして、消費者と事業者の2つのグループに対して料金を課さないという状況を考えてみよう。この場合、プラットフォームを供給するコストがプラスである限り、プラットフォーム企業はこの支払手段を供給することから利潤を得ることができない。したがって、両面性市場のみを考える限り、現在観察される消費者・利用者に対してゼロの料金を課すという価格戦略は最適な戦略とは言えない。

　このような価格戦略は、外部や他の事業からの資金によって可能になっている場合がある。このような資金の流れの背後には、中長期的な視野のもと、支払手段のシェアを獲得するとい

う目的が存在している可能性がある。それに伴って、プラット
フォームを提供することが、他のビジネスの収益と相互作用す
ることが期待されている場合もある。すなわち、支払手段の利
用者が増大することで、プラットフォーム企業が供給する他の
財・サービスからの収入が増大する可能性がある。したがっ
て、今日観察されるキャッシュレス支払手段の価格設定は、従
来の両面性市場ではなく、より広い「多面的」な市場における
行動だと考える必要がある。

(3) 支払手段がもたらす相互作用

支払手段の利用者の拡大が他のビジネスから得られる収益の
増大をもたらすとは、どのようなことを意味するだろうか。一
つの要因として、キャッシュレス支払いに伴って消費者の購入
情報を記録できることが挙げられる。購入履歴を利用したマー
ケティングは、それぞれの消費者に適した情報を提供すること
によって、購買行動をさらに促進させることができると考えら
れる。したがって、支払手段を提供するプラットフォーム企業
は、支払手段の市場においてのみ収益を得るのではなく、支払
手段の利用者を拡大することが他のビジネスから得られる収益
を拡大させると期待して、支払手段を提供している可能性があ
る。

企業がマーケティングに利用するデータには、以下の2種類
が存在している。人口統計学的属性（demographic informa-
tion）と購入履歴（purchase history）である。人口統計学的属性

とは、性別、年齢、地域、所得、職業、学歴、家族構成などの情報である。これらのデータを利用することで、例えば、「この年代の男性はこの商品を好むだろう」という仮定のもとで、消費者に商品の広告を送ることが考えられる。

　購入履歴は、消費者が実際に購入した商品の履歴の情報である。この情報を利用することで、ある個人がどのような商品を好むかを推測することができる（Rossi et al., 1996）。多くの情報が集まれば、消費者の属性によって異なる消費パターンを、高い精度で推定することができるようになる。消費者の属性に応じて、消費を喚起するような広告を行うことによって、効率的に売上や利益を成長させることができると考えられている。（実際には、データ分析のコストと新たに生み出された収益がどれだけ大きいのかは不確実性を伴うだろう。）

3．支払手段の選択

⑴　利用者コスト

　消費者が対面取引で財・サービスを購入するとき、その取引金額に応じて異なる支払手段を選択する。例えば、小額の支払いでは、現金・電子マネーによる支払いが多い。高額の支払いでは、クレジットカード等が利用される傾向がある。事業者が受け入れる支払手段にも異質性が観察される。支払手段の棲み分けが存在している。消費者・事業者は、支払手段のどのよう

第5章　キャッシュレスの普及に関する考察　163

な性質に注目して選択を行なっているのだろうか。

支払手段の選択を考察する場合、その支払手段を利用することで発生するコストを比較するという方法が経済学では頻繁に行われる。このような方法に基づいて、現金で支払うのか、それ以外の手段（クレジットカードや電子マネー）で支払うのかを選択するモデルを発展させてきた。例えば、電子マネーが導入された1990年代、伊藤ほか（1999）は、それぞれの支払手段の「利用者コスト」を比較することで電子マネーの普及について議論している。北村（2005）は、Shy and Tarkka（2002）の方法を応用して、同じく電子マネーの普及について考察している。本節では、様々なキャッシュレス支払手段が供給される中で利用者が支払手段を選択するとき、支払手段に伴うコストに注目していると仮定して議論する。

伊藤ほか（1999）は、取引金額に応じて利用者コストが異なる点に注目して、消費者が選択する支払手段と取引金額の関係を考察している。取引金額に依存して支払手段の利用者コストが変動する場合、利用者は所与の取引金額のもとで一番コストが小さい支払手段を選択する。小額取引は現金、高額取引はデビットカードやクレジットカードを利用する。電子マネーはその中間に位置することを予測した。

利用者コストについて簡単に確認しよう。手数料のように直接的に生じるコストの他にさまざまなコストが考えられる。支払と口座からの引き落としのタイミングの間の時間が長ければ、それだけ預金による金利収入が発生する。したがって、支

図表2　トータル利用者コストに含まれるコスト

名　称	説　明
直接コスト	発行体、加盟店において当該決済手段が生産および処理された時に実際に消費された資源の価値。
フロートコスト	支払手段が申請された時点と、利用者が実際に現金や預金口座の減額等により支払う時点の間における機会費用。
セキュリティコスト	決済時の安全性を確保するために要するコスト。
ハンドリングコスト	決済手段の移動や決済手続きに係るコスト。
アベイラビリティコスト	決済手段の使用可能性に伴うコスト。

（出所）　伊藤ほか（1999、p.8）表2をもとに筆者作成。

払と引き落としのタイミングが近いほど、得られたはずの金利収入がなくなってしまうという機会費用が発生することになる。伊藤ほか（1999）はこれをフロートコストと呼んだ。また安全性を確保するために必要な費用をセキュリティコスト、支払手段の移動等にかかるコストをハンドリングコストと呼んだ。伊藤ほか（1999）は、例えば現金のこれらのコストは、取引金額が大きくなればなるほど増えると仮定している。

　また、利用者はある決済手段がどれだけ多くの店舗で利用可能かについて関心を持つだろう。自分が選択した決済手段が、ごく限られた店舗でしか利用できないならば、それは本当に役に立つだろうか。このような決済手段は、多くの店舗で利用可

第5章　キャッシュレスの普及に関する考察　165

能であるほど大きな価値を持つ。法定通貨である現金（日本銀行券・硬貨）は、どの店舗でも受け入れられるため、顧客にとって利便性が高い。このように支払手段の使用可能性に伴うコストをアベイラビリティコストと呼んだ。

Shy and Tarkka（2002）は、支払手段の支払スピードとその他コストの違いに注目して、消費者・事業者がどの価格帯でどの支払手段を選択するかを理論的に分析している。一回の取引金額の大きさによって、消費者と事業者の採用する支払手段が異なるという結果を導いた。

消費者は、購入の際に利用する決済手段を様々な観点から比較し、主に利用する手段を選択すると考えられる。現金で支払うときと比べて、キャッシュレス支払いが大きく異なる点は、「決済スピード」である。一般的に、キャッシュレス支払いは現金決済よりも早いと考えられる。現金による決済では、消費者・店舗双方が現金を数える時間が必然的に伴う。クレジットカード決済は、認証のための時間が必要であるが、それほど長い時間ではない。デビットカード・ICカード・QRコードは、準備に多少の時間が必要であるが、現金と比べて短時間である。例えば、QRコード決済ではスマートフォンのアプリを起動する必要がある。支払いにかかる時間を削減できることが、キャッシュレス支払いの大きな特徴である。Shy and Tarkka（2002）では、支払いのスピードをコストとして考えたとき、取引額と利用される支払手段の関係は、取引額が小さい方から、電子マネー、現金、クレジットカードの順番になることが

導かれた。

⑵ ディスカッション

支払手段の利用者コストの大小関係は、様々な経済主体の行動によって実現した経済環境に依存して変化しうる。例えば、現金を引き出すために支払われるコストは、ATMから引き出す際に発生する手数料だけではなく、ATMまでの距離を含むと考えられている。すなわち、消費者が日常的に財・サービスの購入を行う場所からATMが近ければ近いほど、現金の引き出しコストは小さいと想定される（Snellman and Virén, 2009）。

銀行はATMを設置することで、預金口座利用者（消費者）に現金へのアクセスを供給する。ある一定の地域に対するATMの供給量が多ければ、それだけ消費者にとっての現金引き出しコストが小さくなる。逆に、銀行がATMの設置数を減らすならば、消費者にとっての現金の利用者コストが上昇すると考えられる。

現在、伝統的な銀行は自行が管理するATMの設置数を減らしつつある。従来銀行間の競争が激しく、預金口座数を獲得するために、より高いサービスを提供する一環として、多くのATMを設置したという経緯がある。その多くのATMを維持するためのコストが、ATMによって得られる収入よりも大きいからである。他方、新興の銀行は、コンビニにATMを設置し、ATM手数料を中心としたビジネスモデルを構築した。結果として、国内のATM数は横ばいであり、消費者にとっての

現金引き出しコストは依然として低いままである可能性がある。

　他方、プラットフォーム企業のシェア獲得のための戦略やそれに伴ったプラットフォームの改善は、アベイラビリティコストやその他コストの低下をもたらすと考えられる。したがって、その低コストが多くの人々にキャッシュレス支払手段の利用を促すならば、その普及率が大きく上昇する可能性がある。

4. まとめ

　本稿では最初に、近年普及しつつあるキャッシュレス支払手段に関して、両面性市場やプラットフォーム企業の行動に注目して考察した。両面性市場として初期に研究されたクレジットカードの市場において、プラットフォーム企業であるクレジットカード会社は、消費者と事業者に対する価格を非対称にすることで利潤を最大化させることができることを確認した。すなわち、消費者に対して利用料金を低く、あるいはゼロに設定する一方で、事業者に対してはプラスの利用料金（手数料）を設定する。

　しかしながら、近年のキャッシュレス支払手段を提供する企業は、消費者・事業者の双方にゼロの価格を設定する、あるいは、消費者に対してはクーポンやポイントを付与することで、実質的にマイナスの価格を設定している場合がある。これは支払手段を提供することだけではプラスの利潤をあげられない

が、外部資金や別の事業収益によって補填していると考えられる。これは、中長期的に市場シェアを獲得する目的がある。また支払手段のシェアの獲得が、潜在的に他のビジネスに対して正の効果を与えると期待している可能性がある。

消費者や利用者は、支払手段を利用する際に発生するコストに注目して、支払手段を選択する。手数料や支払いスピードのようなコストが想定されるが、支払金額とそのコストが連動する場合、支払金額について支払手段の棲み分けが生じる。

ただし経済環境によって利用者コストは変化しうるため、ATMの供給動向やキャッシュレス支払手段のイノベーションによって、支払手段の普及がどのようなペースで進むかを判断することは難しい。

【参考文献】

伊藤隆敏、川本卓司、谷口文一（1999）「クレジットカードと電子
　　マネー」IMES Discussion Paper Series 99-J-16。

北村行伸（2005）「電子マネーの普及と決済手段の選択」『電子マ
　　ネーの発展と金融・経済システム』（金融調査研究会報告書
　　(34)）、pp.21-37。

Blattberg, Robert C., Byung-Do Kim, and Scott A. Neslin, (2008)
　　Database Marketing: Analyzing and Managing Customers,
　　Springer New York.

Rossi, Peter E, Robert E McCulloch, and Greg M Allenby, (1996)
　　"The value of purchase history data in target marketing,"
　　Marketing Science, 15（4）, pp.321-340.

第5章　キャッシュレスの普及に関する考察　169

Rochet, J.C. and Tirole, J., (2003) Platform competition in two-sided markets. *Journal of the european economic association*, 1 (4), pp.990-1029.

Shy, O. and Tarkka, J., (2002) The market for electronic cash cards. *Journal of Money, Credit and Banking*, pp.299-314.

Snellman, H. and Viren, M., (2009) ATM networks and cash usage. *Applied Financial Economics*, 19 (10), pp.841-851.

II

支払手段の多様化と
各国の動き

第6章

スウェーデン及びドイツにおける
キャッシュレス化の現状と課題[*]

小部　春美[1]

---

[*]　本稿の執筆にあたり、スウェーデン中央銀行、ドイツ中央銀行、欧州中央銀行、スカンジナビスカ・エンシルダ銀行、Getswish社、ドイツ財務省幹部等、関係各位に貴重な御協力・御教示をいただいた。在スウェーデン大使館、在ドイツ大使館及びフランクフルト総領事館のご支援もいただいた。ここに記して感謝申し上げたい。但し、元より文責は全て筆者に帰するものである。

[1]　執筆時、財務省大臣官房審議官兼財務総合政策研究所副所長。現政策研究大学院大学教授。本章は、「デジタル時代のイノベーションに関する研究会」報告書及び財務省広報誌『ファイナンス』（2019年6月、7月）に掲載されたものを編集・加工したものである。

要　旨

　スウェーデンについては、「決済のキャッシュレス化が進み、中央銀行が電子通貨発行を検討するほどのキャッシュレス先進国」等の紹介が見られる一方、ドイツについては「我が国同様、現金による支払が好まれる国」といった説明に接する機会が多い。同じEU加盟国でありながら支払手段の利用状況について、実際、どのような相違があり、それはどのような理由で生じているのかを中央銀行の資料等に基づき調査した。

　スウェーデンにおいては、銀行口座を中心としたデビットカード及びモバイル決済の利用が個人に普及した一方、犯罪対策等を目的に公共交通機関、金融機関による現金取扱が抑制されたこと等もあって金融機関が現金の取扱を減少させ、市場主導のキャッシュレス化が進行した。この結果、現金の利用がしにくい状況が生じ、現金の利用可能な社会を維持する必要性が指摘されるに至り、金融機関に現金の取扱を義務づける等を内容とする立法が提案されている。また、併せて中央銀行によって、現金を補完する電子的な中央銀行マネーの制度設計が検討途上にある。

　ドイツにおいては、少額支払に関しては現金の利用比率が依然として高いが、支払金額が高くなるとデビットカード利用が増加するなど、場面に応じて支払手段が選択されており、今後もキャッシュレス支払手段の利用が緩やかに増加されるとみられている。

　なお、2019年に入り、米国において、現金受取拒否を禁止する立法、Amazonが完全キャッシュレス店舗において現金による支払を認める等の動きも報じられている。

174　Ⅱ　支払手段の多様化と各国の動き

1．はじめに——日本・スウェーデン・ドイツの支払手段選択の状況概観

「未来投資戦略2018」（平成30年6月15日閣議決定）が引用する経済産業省「キャッシュレス・ビジョン」と同様のキャッシュレス決済比率を、日本、スウェーデン、ドイツについて2015年データで比較すると、各々、日本18.4%[2]、スウェーデン48.6%、ドイツ14.9%となっており、キャッシュレス決済手段の内訳は我が国では殆どがクレジットカードであるのに対し、スウェーデンでは約8割、ドイツでは殆どがデビットカードとなっている[3]。個人の銀行口座保有は3か国ともほぼ完全に普及している水準にある[4]。

通貨流通残高の対名目GDP比でみると、主要先進国の中では我が国では上昇傾向が継続し20%程度の高水準にあり、ユーロ圏、米国でも水準こそ10%前後だが上昇傾向では一致している。しかしながらスウェーデンにおいては低下傾向が続き、現

2　現金を利用せずに支払を行う一般的方法として、預金口座からの振替、自動引落があるが、これらは電子マネーとカード決済のみを分子とする「キャッシュレス・ビジョン」のキャッシュレス決済比率（2015年18.4%）には含まれていない。口座振替・振込等を加味したキャッシュレス決済の利用比率については、51.8%（公益財団法人NIRA総合研究開発機構「キャッシュレス決済実態調査」2018年8月実施）、54.4%（金融庁金融制度スタディ・グループ資料「キャッシュレス決済に関する指標」2018年11月開催）等の調査例がある。

3　第1章図表3を参照。

4　第1章図表5を参照。

第6章　スウェーデン及びドイツにおけるキャッシュレス化の現状と課題　175

在 1 ％程度にまで落ち込んでいる[5]。

2．スウェーデン

(1) キャッシュレス化の進展："Market Driven Process"

スウェーデン、ドイツにおける現金利用の状況、キャッシュレス化の進展状況については第 7 、 8 章でデータに即して詳述されるが、スウェーデンにおけるキャッシュレス化は、政府や中央銀行による政策的なキャッシュレス化推進の結果ではなく、"Market Driven Process" によるものと説明される。

スウェーデンにおいて「市場主導」のキャッシュレス化が進展した背景にはいくつかの要因が挙げられている。先ず、1990年代からのIT化推進策の結果、社会全体のIT化水準が向上したこと。スウェーデンの経済・社会のデジタル化の進展は、欧州委員会の2018年調査によれば加盟28か国中、第 2 位とされている[6]。

第 2 に2003年の国民投票の結果、ユーロへの参加が否決され、人口約 1 千万人の国家で自国通貨、それに応じた決済システム、金融システムを維持・確保することへの問題意識があったとされる。特にeコマース市場の成長等、IT化が進展した時

5　第 1 章図表 1 を参照。
6　European Commission（2018）

176　Ⅱ　支払手段の多様化と各国の動き

期にあって、全世界的に決済サービスを提供する外国系IT企業の進出・市場席捲に対し、IT化推進国であったがゆえに問題意識が高まったことは想像に難くない。

第3にスウェーデンの金融界の特色が指摘されている。具体的には、スウェーデンの市場規模を踏まえ、過当競争に陥ることを避け、共通インフラ（BiR、BankID、Swish[7]）を構築する面では協調し、その上で競争するという方針で主要銀行が一致して取り組んだことが2012年に開始されたモバイル決済サービス、Swishの普及につながった。金融機関に対する国民の信頼性が高かったことがサービス利用の広がりにつながったとの指摘もある。

第4に、現金取扱環境の悪化がある。2000年代以降、犯罪被害のリスクを理由に、現金を取り扱う公共交通機関や金融機関従業員から現金取扱業務を不安視する声が上がり、現金取扱にかかる警備費用等が高騰した結果、現金取扱が高コスト化したとされる。他方で、現金を取り扱う支店やATMが削減される中でも、利用者は店舗等での支払に際してカード利用（デビット・クレジット）が広範囲に可能であり、2012年以降、Swishが普及すると個人間支払も簡便にキャッシュレスで行えるようになった。最近のデータではATMから現金を引出す頻度は月

7　BiR、BankID、Swishの詳細については第7章参照。Swish参加金融機関は今後の経済デジタル化の下でシェアエコノミーが拡大すればモバイルを通じた個人間の簡便な金銭のやり取りは更に利用されるとも見込んでいる。

第6章　スウェーデン及びドイツにおけるキャッシュレス化の現状と課題　177

１回未満という回答が４割で最多となっている状況にあり[8]、市場が現金に対する需要を低下させ、キャッシュレス化が進展したことになる。

(2) 現状の問題点（その１）──現金利用の困難化

キャッシュレス化が進んだ現状について、スウェーデンでは大別して２つの問題が指摘されている。

第１は、キャッシュレス化が進展した結果、現金の利用がしにくい状況が生じ、生活に支障を感じる人々が出てきている点である[9]。銀行が現金取扱支店等を減らした結果、現金の入出金が不便になっており、店舗等において現金の受取を拒否する動きが拡大、今後も増加することが予想されている。

すなわち、犯罪被害のリスクを避けるために現金を扱う金融機関の支店が減少すれば、売上金の入出金等が困難になり、現金の保管等は受け取った商店等が担うことになるため、犯罪被害のリスクが転嫁される可能性が生じ、商店等がそのようなリスクを避けたいと考えれば、現金を受け取らないと宣言することになる。この結果、現金、すなわち中央銀行マネーの外部ネットワーク効果は更に低減し、現金の利用が困難になれば、財やサービスを現金で購入しようとする人々は、社会生活から排除されるリスクに晒されることとなる。

このため、例えば年金生活者の団体から、現金利用が可能と

---

8 Sveriges Riksbank（2018a）
9 https://gendai.ismedia.jp/articles/-/57100

なるような対応を金融機関等に求める動きが起こり、政府に署名が提出されたこと等を受け、2018年6月には特定の金融機関（大手銀行）[10]に対して現金の預入・引出が可能となるように妥当な提供を義務付ける等を内容とする立法が、議会の調査委員会から提案されている[11]。その中では、人口の99.7%が25km圏内で現金の引出が可能であること等の具体案が盛り込まれた。「25km」は、直線距離で日本橋から横浜に達する程度の距離であり、せめてその距離の範囲内では現金の入出金拠点を維持するべきであるとの提案がなされていることになる。

　ちなみに、これが「反キャッシュレス」の主張でないことには留意すべきであろう。「銀行は現金の取扱についてもっと責任を持つべき」と政府に訴えたPRO（年金生活者の全国組織）[12]等も、デジタル決済の普及は歓迎しつつ、現金利用が困難化すること・割高になることは高齢者、障害者、中小企業、過疎地の住民等にとって問題であるとして、現金利用が可能である状況の確保を求めている。高齢者等の他にも、スウェーデン国内に銀行口座を有しない旅行者、移民などは、Swishが利用できないため、現金による支払を望むかもしれない。

　なお、現金が利用困難となる影響範囲は、特定のグループに限られない可能性もある。例えば災害等による停電、通信の障

10　スウェーデン国内に700億クローナ超の預金を保有する金融機関を対象。
11　Riksbankskommittén（2018）
12　Pensionärernas riksorganisation［the Swedish National Pensioners' Organisation］（HP: https://www.pro.se/）

第6章　スウェーデン及びドイツにおけるキャッシュレス化の現状と課題　179

害等（ネットワーク障害、システムの停止、端末の故障、サイバー攻撃等）でカードやモバイルが使えなくなった場合には、いわゆるキャッシュレス支払手段が利用できなくなり、そのような場合に現金が利用しにくくなっていると、財やサービスの購入が困難になる事態も想定される。キャッシュレス支払手段が利用できない状況とは、災害等のリスクが顕在化した環境下であるかもしれない。そのような状況下で一切の支払手段が存在しない状態は、社会の混乱や不安定化を助長する可能性もあり、平時から回避策を講じておくべき事柄と考えられる。

このような背景もあり、2018年、スウェーデン政府は戦争、テロ、自然災害等に備えるため念のために現金を手元に保有することを奨励するパンフレット[13]を配布したとされ、その影響もあってか、同年の現金流通残高は対前年比増加している。

(3) 現状の問題点（その2）──中央銀行マネーへの国民のアクセス

キャッシュレス化が進展した状況下で中央銀行が指摘する第2の問題は、一般の国民が利用可能なリスクのない資産、中央銀行マネーへのアクセスが停止することである。

中央銀行は、当然のことながら現金の外部ネットワーク効果の低下に問題意識を有し、現金取扱の義務付け法案の方向性に賛成しつつ、対象金融機関の範囲拡大、法貨の位置付けの明確

---

13 Swedish Civil Contingencies Agency（2018）

化等も求めている。その上で、商業銀行マネーのみが利用される社会が現実のものとなる場合の問題点を考察し、商業銀行マネーがリスクフリーの資産ではないこと、提供されるサービスは利潤ベースのものであること等を踏まえ、IT化の時代に求められる中央銀行マネーのあり方を模索し始めている。この取組は「e-kronaプロジェクト」と呼ばれ、2017年から正式に検討が開始され、検討状況は「リクスバンクのe-kronaプロジェクト」と題する報告書として2017年9月、2018年10月に公表されている[14]。

e-kronaの制度設計・検討状況等については第7章に譲るが、検討のスケジュールは当初見込みより遅れており、2019年又は20年にも実施とされる試行の内容も未定である（本稿執筆の2019年5月現在）。中央銀行デジタル通貨は、現金利用の補完的位置付けと整理されているが、現金利用を必要とする層への対応策として有効性をどう確保するか、商業銀行との競合関係の整理等、論点は多岐にわたり、今後、関係者との広範囲な調整が待たれている。

換言すれば、e-kronaはキャッシュレス化を政策的に推進した総仕上げとして現金を置換えるために検討されているというよりは、Market driven processの下で現金の需要が減少し、外部ネットワーク効果が低下したことを受けて、デジタル化時代に現金を補完する、新たな中央銀行マネーとして模索されて

---

14 Sveriges Riksbank（2017）、Sveriges Riksbank（2018b）

第6章　スウェーデン及びドイツにおけるキャッシュレス化の現状と課題　181

いるといえる。このデジタル中央銀行マネーについては、スウェーデン中銀幹部の講演等でも新たな時代に向けた「備え」としての検討と言及されており[15]、社会的合意を得たe-kronaの試行がどのようなものとなるかについては、今後の検討が待たれる。

⑷　スウェーデンのキャッシュレス化・我が国のキャッシュレス化

①　商業銀行マネーを核とした簡潔な体系のスウェーデン、多様なサービスが競う日本

以上、見てきたように、スウェーデンにおけるキャッシュレス化は、商業銀行マネーがデビットカードやモバイルペイメントにより使い勝手を向上させた結果、中央銀行マネーへのキャッシュアウトを伴わずに利用されるようになり、その流れが加速、結果的に中央銀行マネーの使い勝手を悪化させ、外部ネットワーク効果を低下させている状況にあるといえる。スウェーデンにおける個人のカード保有状況をみると、平均してデビットカードとクレジットカードを各1枚[16]、モバイル決済はSwishと簡潔であり、銀行口座を核とし、プラットフォームが多数分立することなく、利用者に定着してきているとみられる。

これに対し、我が国では、旺盛な企業間の競争を背景に、各

15　Skingsley（2018）
16　第1章図表8を参照。

182　Ⅱ　支払手段の多様化と各国の動き

個人が主要国ではシンガポールに次ぐとされる枚数のカードを保有し[16]、モバイル決済についても2018年には多数のアプリがキャンペーン合戦を繰り広げる環境下、選択に迷うほど多数の支払手段が提供されている。サービスの内容にもよるが、銀行口座等に直接、紐づけされていない支払手段の場合、現金によるチャージが行われ、その拠点もコンビニATMなど多様化している。また、交通系電子マネー等の普及が進む一方、維持される駅の券売機の有効活用等の観点から、モバイルペイメントサービスの一環として現金引出の拠点として利用する試みも始まっている[17]。キャッシュレス・ペイメントサービスが次々と提供されることで、現金が介在するシーンが増加しているともいえる。

スウェーデンにおけるキャッシュレス決済は、クレジットカード、デビットカード、モバイル（Swish）といずれも銀行預金に連動、すなわち預金保険で保護されている商業銀行マネーに紐づけられ、キャッシュアウト可能である。e-kronaを検討するスウェーデン中銀は、商業銀行マネーをリスクフリーではない、と指摘するが、預金保険制度が存在し、信用不安を感じれば預金引出によってリスクフリーの中銀マネーに変えることの可能な商業銀行マネーは、預金保険制度の対象外である支払手段、リスクフリーの現金へのキャッシュアウトが出来ない支払手段に比較すれば、相対的・制度的には低リスクとみら

17　例えば、https://www.boy.co.jp/kojin/benri/hamapay/を参照。

れる。スウェーデンは、相対的にリスクの低いキャッシュレス支払手段である商業銀行マネーのプラットフォームが席捲し、現金を支払手段として選択できる社会を維持する必要性が唱えられている状況ともいえよう。

② 我が国における多様な新決済手段と「通貨」との差異

我が国の場合、一口にキャッシュレス決済といっても、銀行法等の規制の下にある商業銀行マネー連動の手段ばかりではなく、前払式証票法、資金決済法等に規律されているものもあり、実態は多様である。電子マネーに交換価値を「チャージ」した場合の債権関連磁気情報は個人の所有権の対象ではなく、通貨であれば当然に具備している価値保存の機能の面からは劣る[18]。また、いわゆるキャッシュレス支払手段の世界は激しい競争、早い技術進歩等を背景に、提供されるサービスの内容も多様化、変化が早い（同一主体の提供するサービスでも、クレジットカード紐づけで開始後、銀行口座紐づけタイプが新規に加わる等）。

特に2018年以降、我が国のキャッシュレス化を巡っては、支払手段に着目したサービス展開、競争、効率化等に関する議論

---

18 例えば筆者が保持する記名式交通系電子マネーの証票の裏面には、所有権は交通事業者に帰属すること、最終利用日から10年が経過するとチャージデータが失効することが明記されている。モバイルペイメントの中にはこれ以上に短期（5年）のデータ失効期間が設定されているものもあり、休眠口座の取扱と比較すれば、価値保存機能面の差異は明らかである。

が前面に出ているが、現金等の「通貨」には支払手段、すなわち価値交換手段以外にも価値保存、価値尺度の機能が具備されている。「キャッシュレス」支払手段は、様々な主体が提供する各種サービスの総称ととらえられるが、それらは支払に際しての現金の代替手段にはなり得ても、価値保存、価値尺度の機能を具備した通貨と同等の財であるとは限らないこと、取扱・サービス提供主体のリスクに関する情報は、どこまで利用者に認識されているのか。これらの点に関しては、金融リテラシーの向上が図られるべき分野であるかもしれない。

3．ドイツ

(1) 現　　状

　支払手段の選択において我が国と並んで現金が利用されているとされるドイツであるが、直近の中央銀行の支払手段の利用状況調査[19]によれば、回数ベースでは約4回に3回は現金で支払うとされているものの、金額ベースでは現金の割合は5割を切っている。デビットカードの利用も回数ベースで約2割、金額ベースで35%となっており、一般的と呼んでよい水準であろ

---

19 Deutsche Bundesbank（2018）"Payment behaviour in Germany in 2017"（https://www.bundesbank.de/resource/blob/737278/458ccd8a8 367fe8b36bbfb501b5404c9/mL/payment-behaviour-in-germany-in-2017-data.pdf）

う。クレジットカードは取引回数で2%、金額で5%である。

　すなわち、日常的な少額の支払では現金の利用割合は高いが、現金一辺倒ではなく、支払額が大きくなるとデビットカードの利用が増え、50ユーロ以上の支払では一位となっており、使分けの傾向がうかがわれる。これは500ユーロ札の新規発行が既に停止された事情とも整合的であろう。

　事業者側からみても、例えば小規模なソーセージ屋で「現金のみ」の表示が見られる一方、観光客の多い地域の土産物屋には「200ユーロ・500ユーロお断り」の表示がある等、それぞれの問題意識・必要性[20]に応じた支払手段の受け入れ（制限）が行われているとみられる。

　なお、ユーロ圏内で比較するとドイツの現金指向の程度は中程度であり、ドイツ以上に現金指向の強い国々も少なくない。長期的にみれば、新たな支払手段が現金を代替していくと考えている人も4割存在し、現金以外の利用が緩やかに増加すると見られている。

　このような状況下、2018年11月、欧州中央銀行は今後の需要も視野に小口即時決済へのシステム対応（ユーロ圏TIPS）を開始している。

(2)　背景事情

　ドイツにおける現金支払に対する見方、選択される理由の詳

20　例えばコスト、現金の需要、簡便さ、偽造・犯罪対策等。

細については第8章に譲るが、現金支払の「匿名性」が利点に挙げられていることには、歴史的な背景が影響しているとの指摘がある。ベルリンの壁が崩壊したのは1989年であり、30年が経過したものの、東西分断の痕跡は現在のベルリンにも少なからず見て取れる。当然、都市を分断した「中央監視」に関連して刻まれた記憶と感情は消えておらず、匿名性の価値が、インターネットの時代に改めて想起されたとしても不思議ではないであろう[21]。

ドイツは連邦国家であり、「強い分権性」が、通用力の高い現金を支持させているとの指摘もある。交通系電子マネーも導入されているものの、相互利用ができないため、使いにくさが残るという。他方、我が国でも、発行体が異なる交通系電子マネー（ICカード）が全国的に相互利用サービスを拡大し、利便性を向上させるまでには相応の年月を要しており、現在でも相互利用可能な範囲にも種々の制約が残っていることに鑑みれば、ドイツにおいても、今後、状況が変わる可能性も排除はできないと思われる。

21　武邑（2018）参照。なお、Amazonが第2本社設立を表明したことを受けて、2018年には様々な自治体が過熱気味ともいえる誘致運動を展開した（Financial Times, Thu 8 Nov 2018, John Gapper "The charade of Amazon's beauty parade" 等）が、その候補地が絞られようとしていた時期に、Google は地元の反対を受けてベルリンでのキャンパス設置断念を表明している（Financial Times, Fri 2 Nov 2018, Frederick Studemann "Google loses a battle to Berlin's cool kids"）。

(3) 課 題 等

　中央銀行は、支払手段は基本的に利用者が選択するものとしつつ、実態把握のため、３年毎の支払行動調査を継続している（次回2020年）。

4．補論：格差問題

(1) スウェーデンにおける社会の変化

　スウェーデンでは、現金を利用可能な社会の維持が論点となっているが、同時に格差の拡大も指摘されている[22]。スウェーデンの経済・社会分析は本稿の目的ではないが、世界最先端のキャッシュレス化が進展した背景には、社会及び銀行に対する高い「信頼」があったとの指摘がある。このため、近年の変化の兆しについて簡単に記したい。

　2018年９月の総選挙後、首班指名・政権協議が難航した末、2019年１月に漸く連立政権が樹立された。2018年選挙で第３党に躍進したスウェーデン民主党は連立与党に参画せず、議席を減らした改選前の中道左派与党に、改選前の中道右派の一部が協力する構図の下、政権が発足している。民族主義・EU懐疑主義を掲げるスウェーデン民主党の第３党への躍進は、社会の

22　https://www.newsweekjapan.jp/stories/world/2019/04/post-11970.php

寛容さの低下とも評されることに加え、政権樹立に際しての政党間合意は富裕層に対する課税の軽減を含んでいる。社会に対する信頼を前提に、高負担・高福祉を実現してきた、平等で有名な社会に変化が生じてきているとみられる。

　銀行に対する信頼を揺るがしかねない大規模な資金洗浄疑惑も、2019年2月に表面化した。前年（2018年）に明らかになったデンマークのダンスケ銀行の資金洗浄問題に端を発し、3月末には、Swishの当初からの参加行でもある大手銀行スウェドバンクのCEO解任に発展、スウェドバンクは4月、資金洗浄対策の不備を認め、スウェーデン、バルト諸国の金融監督当局等、及び複数の米国当局から調査を受けているとされる[23]。スウェーデンのボルンド金融市場・住宅相は「われわれの社会の根幹である寛容さは信頼の上に成り立っており、その信頼は著しく損なわれている」と発言、金融機関に関する規制のあり方と企業統治の両面での見直しを求める声が上がっているとの報道もある[24]。

(2) 負担の問題

　e-kronaの制度設計に際し、中央銀行マネーである現金を補

---

[23]　スウェドバンクは主要株主から6月に経営陣の大幅な刷新のための特別会合開催を求められており、役員候補として元首相等の名前が挙げられている（Financial Times, Tue 14 May 2019, "Swedbank investors demand vote on board shake-up"）。

[24]　https://jp.reuters.com/article/moneylaundering-europe-idJPKCN1RH0LC

完する位置付けとの前提に立てば、現金を利用可能とする環境の維持は別途、手当されることになろうが、デジタル・ディバイド対策をデジタルで仕組むとなれば様々な対応が必要となろう。

　誰もが最新のモバイル端末を手ごろな価格で入手でき[25]、問題なく使いこなせる社会[26]であれば、モバイル決済は時間の経過とともに一層、普及する可能性があるが、上記のような事情もあり、スウェーデンの将来がそのようなものであるかは明らかではない。Swishもソフトやシステムの更新、セキュリティ対策などを幅広い世代のモバイル端末に向けて対応し続けるコストを負うことになる。

　現在、個人についてはSwishの利用は課金されていないが、団体・法人については利用に手数料が課されて現金に比し割高

---

[25]　2018年の全世界でのスマートフォン出荷台数（シェア）は、米の調査会社IDCの発表によると、2位のアップル（2億880万台14.9％）に3位の中国の華為技術が280万台差（2億600万台14.7％）まで迫った（1位はサムスンの20.8％、https://www.bcnretail.com/market/detail/20190131_103280.html）。

　　華為技術のスマートフォン出荷台数は近年、急成長しており、ハードウェア部品のサプライチェーンのみならず、ソフトの搭載、知的財産権関連の契約でも各国サプライヤーと取引がある。そのような状況下、2019年5月15日、米国は、自国の安全保障に脅威をもたらしうる企業の通信機器使用を禁じる大統領令署名（https://www.whitehouse.gov/briefings-statements/statement-press-secretary-56/）、17日には輸出管理規則に基づく禁輸措置対象リストに華為技術本社及び関連法人を掲名したことを発表しており（https://www.commerce.gov/news/press-releases/2019/05/department-commerce-announces-addition-huawei-technologies-co-ltd）今後、スマートフォンの全世界的供給、各サプライヤーの事業への影響が注目される。

になっており、中小事業者等からも、現金利用可能な環境を望む声が上がっているとされる。

　現金取扱支店が減少したことにより、現金の保管・運搬等のリスク管理とコストは銀行の外に転嫁されており、銀行に対し現金取扱を法令で義務付けることは、このリスク・コストについて銀行に応分の負担を求める動きともいえるが、銀行界はコスト増加を理由に消極的であるとされる。

　リスクやコストを誰がどのように負担することが妥当であるかは、今後、スウェーデンでも議論が進展するとみられるが、仮に社会内部の格差が拡大する状況であれば、弱者（デジタル・ディバイド、中小事業者等）により多くの負担を求める仕組みへの支持が得られるかは予断を許さない。

26　サイバー攻撃が進化し続ける中、スマートフォンに対する新たな脅威が報道されている（例えば、Financial Times Wed 15 May 2019 "WhatsApp hack allowed security spyware to be loaded on phones"）。Facebook傘下で提供されているメッセージアプリ、WhatsAppの脆弱性を狙い、電話をかけただけで（応答せずとも）イスラエル企業の製品であるスパイウエアをインストールでき、着信履歴は多くの場合消去されるという（https://www.ft.com/video/1b788580-45b8-4154-a296-de6c137e997a）。親会社Facebookについても、同時期の報道として、「フェイスブックを襲う『第2のケンブリッジ・アナリティカ』」（https://forbesjapan.com/articles/detail/27256）がある。なお、モバイル支払促進手段として利用されるポイントプログラムについても「ハッカーのハニーポット」と指摘する専門家がある（5月16日CNET https://japan.cnet.com/article/35136974/）。

第6章　スウェーデン及びドイツにおけるキャッシュレス化の現状と課題　191

(3)　米国における現金拒否禁止立法化等の動き

①　Unbanked・Underbankedの存在

　本稿で概観したスウェーデン、ドイツ、及び我が国では、銀行口座が個人にほぼ普及しており、金融包摂自体はあまり大きな課題ではないとみられるが、米連邦預金保険公社（FDIC）の調査（2017年）によれば、米国では銀行口座を有していないUnbanked世帯は6.5％存在し、制約のある銀行口座の利用に限られているUnderbanked世帯は全体の約4分の1存在するとされている[27]。所得の低い層での高い現金支払比率も指摘されており（25千ドル未満/年所得者の現金支払比率47％、125千ドル以上では24％）、現金支払拒否はこれらの層を社会生活から排除することにつながりかねない。

　このような事情を背景に、米国では現金受取義務付け立法の動きがあり、例えば、本年2月、ペンシルベニア州フィラデルフィア市で現金支払の拒否を禁止する条例案が成立、3月にはニュージャージー州でも立法化され、他にも同様の動きがワシントンD.C.やニューヨーク市等に見られると報じられている。一方、効率化や犯罪被害のリスク低減を望む小売業者等からは「現金お断り」を禁止しないで欲しいと望む声も上がっているとされ、現金決済を必要とする人々の社会生活が継続できるような環境維持との間でどのような立法的解決が可能か模索され

27　Federal Deposit Insurance Corporation（https://www.fdic.gov/householdsurvey/）

ている模様である[28]。

② Amazon Goの現金支払可能化が意味するもの

小売の世界を大幅に変え、金融サービスにも進出している巨大IT企業、Amazonについても、Amazon Goの見直し報道が出ている。同社は、支払手段にリンクした２次元コードをかざして入店、レジ決済無しに買物が可能な完全キャッシュレス店舗であるAmazon Goを出店、2021年までに3000店舗出店する計画とも伝えられていたが、2019年４月、Amazon Goの店舗で現金決済の受付準備を開始したことを広報担当者が認めたと報じられ[29]、既にニューヨークでは現金対応も可能な店舗が出現しているという[30]。

2017年のホールフーズ・マーケット買収、Amazon Goの大量出店計画に見られる通り、Amazonは小売販売額の９割近くを占めるオフライン小売に進出している。プライム会員を対象としたビジネスを超えて、オンライン・オフライン双方の小売市場でシェア拡大をはかる際、法令への対応は当然として、米国の４分の１の世帯がデジタル決済を利用しにくい状況にある現実を受け止めての対応でもあるといえよう[31]。今後、米国の

---

28 https://digiday.jp/brands/cashless-movement-grows-retailers-grapple-ethical-implications/

29 https://japan.cnet.com/article/35135580/

30 https://www.gizmodo.jp/2019/05/amazon-go-pay-cash.html

31 https://headlines.yahoo.co.jp/article?a=20190501-00001686-shogyokai-bus_all

Underbanked層に対し、Amazon等から現金以外の新たな支払手段の提供等が開始されるのか。経済デジタル化と支払手段、通貨を巡る状況は、技術革新等にも促され、今後も様々な変容が予想される。

【追記】

本稿は、経済のデジタル化が進展する中で、通貨のデジタル化をどのようにとらえるべきかという問題意識から、比較対象としやすい欧州 2 か国、スウェーデンとドイツを取り上げ、具体的な論点整理を試みたものである。執筆時期には、いわゆる「仮想通貨」が、我が国の法律上、「暗号資産」と再整理されるなどの、Bitcoin等の実情があった。

その後、 6 月中旬、Facebookが2020年のローンチを目指すリブラの構想を公表するに至り（https://libra.org/ja-JP/white-paper/）、世界規模のデジタル通貨実現の具体像が浮上、米国政界、各国中央銀行・監督・規制当局等の注目を集めるところとなり、様々な動きが出ている。その中で、欧州中央銀行メルシュ理事が「中銀通貨と私的通貨：リブラに関する考察」と題して 9 月 2 日に行ったスピーチには、リブラに関する見解が整理されている。欧州 2 か国の動きを取り上げた本稿の目的に鑑み、欧州内の動きとして追記する。

（https://www.ecb.europa.eu/press/key/date/2019/html/ecb.sp190902~aedded9219.en.html）

【参考資料】

ギャロウェイ, S.（2018）『the four GAFA 四騎士が創り変えた世界』渡会圭子訳、東洋経済新報社。

武邑光裕（2018）『さよなら、インターネット——GDPRはネットとデータをどう変えるのか』ダイヤモンド社。

柳川範之、山岡浩巳（2019）「情報技術革新・データ革命と中央銀行デジタル通貨」日本銀行ワーキングペーパーシリーズ、No.19-J-1, 2019年2月。

Bank for International Settlements（2003）"The role of central bank money in payment systems".

Bankgirot, https://www.bankgirot.se/en/

Deutsche Bundesbank（2018）"Payment behaviour in Germany in 2017".

European Commission（2018）"The Digital Economy and Society Index（DESI）2018".

Finansiell ID-Teknik BID, https://www.bankid.com/en/

Getswish, https://www.getswish.se/frontpage/

PRO, https://www.pro.se/

Riksbankskommittén［Riksbank Committee］（2018）"Tryggad tillgång till kontanter［Secure access to cash］SOU 2018：42".

Skingsley C.（2018）"Considerations for a cashless future" speech, Sveriges Riksbank, 22 Nov 2018.

Sveriges Riksbank（2017）"The Riksbank's e-krona project report 1".

Sveriges Riksbank（2018a）"Payment patterns in Sweden 2018".

Sveriges Riksbank（2018b）"The Riksbank's e-krona project report 2".

Swedish Civil Contingencies Agency（2018）"If Crisis or War Comes".

なお、URLを記載したインターネット記事等の最終閲覧日は、追記については2019年11月11日、その他はすべて2019年5月23日である。

第7章

スウェーデンの動向[*]

上田　大介[1]
小見山拓也[2]
井上　　俊[3]

---

[*]　本稿の執筆にあたっては、リクスバンク（スウェーデン中央銀行）、
スカンジナビスカ・エンシルダ銀行（SEB）及びGetswish社の各担当
者と意見交換を行った。また、現地調査では、在スウェーデン日本国大
使館の先崎誠前一等書記官に大変お世話になった。記して感謝申し上げ
たい。なお、本章の文責は全て筆者に帰するものである。

[1]　財務省財務総合政策研究所総務研究部主任研究官
[2]　前財務省財務総合政策研究所総務研究部研究員
[3]　財務省財務総合政策研究所総務研究部研究員

要　旨

　スウェーデンでは現金需要の減少傾向が続いている。通貨（銀行券＋硬貨）流通高の対名目GDP比は1950年代から低下傾向が続いており、2017年には約1.2%にまで低下した。また、名目の通貨流通高も2008年以降急激に低下した。

　スウェーデン国内の店舗における決済動向を見ると、デビットカードが用いられることが多いほか、近年は、スマートフォンを用いた銀行口座間の資金移動が可能なSwishに代表される新たな支払手段・サービスも登場するなどし、現金が使用される場面は年々減少している。

　リクスバンク（スウェーデン中央銀行）は、現金需要の減少が今後も継続した場合、デジタル技術を用いた支払手段にアクセスできない一部の層が金融排除されてしまう問題や、決済システムの効率性や強靭性に問題が生じうる可能性などを問題点として指摘している。

　これらの問題への対処として、リクスバンク委員会は、一定規模以上の金融機関に対し、預金の引出しや預入といった現金サービスの提供を義務付けることを提案しているほか、リクスバンクは、法定電子通貨（e-krona）の発行に関する検討を進めている。

198　Ⅱ　支払手段の多様化と各国の動き

1．はじめに

本章では、第6章において指摘されているスウェーデンの
キャッシュレス化進展の背景や現状に対するリクスバンクの問
題意識、それに対する対応策等について、リクスバンクの調査
や統計等を用いて事実関係を整理する。

2．スウェーデンにおける現金の減少

(1) 通貨流通高の減少

ここではまず、スウェーデンにおける現金流通高の減少につ
いて詳細な動きを確認する。

スウェーデンにおける通貨流通高（銀行券+硬貨）の対名目
GDP比[4]は、1950年代前半頃までは10％近傍で推移していた
が、1950年代後半以降は一貫して低下傾向が続き、2017年には
1％台前半[5]まで低下するなど、長期に渡って現金需要の低下
が続いている（図表1）。

---

[4] 現金需要の動きを見る際、名目の通貨流通高は、その国の経済規模や
その時々の経済活動等（経済情勢等）にも左右されることから、その変
動の影響を除去するため、名目の通貨流通高を名目GDPで除した「通
貨流通高の対名目GDP比」を用いることが多い。
[5] リクスバンクの統計に基づき当研究所で試算した2017年の通貨流通高
対名目GDP比は1.2％。

第7章　スウェーデンの動向　199

図表1　スウェーデンの通貨（銀行券＋硬貨）流通高の推移

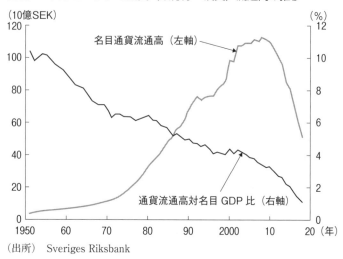

（出所）　Sveriges Riksbank

　一方、名目の通貨流通高は2007年までは増加傾向が続いていたが、2008年以降は急速に減少した[6]。

　なお、最新のリクスバンクの統計によると、2018年は11年ぶりに増加に転じた[7]、[8]。

---

[6] リクスバンクは、これら一連の現金需要の減少については「早すぎる動き」と評価し、一部で問題が発生していることを指摘している。
[7] 全体では前年比＋6.9％（1,000SEK：▲4.5％、500SEK：＋16.3％）
[8] 2018年6月、スウェーデン政府は「If Crisis or War Comes」というパンフレットを配布。その中で、危機に備えて小額面の現金を家庭で保有することを薦めている（Swedish Civil Contingencies Agency, 2018）。

図表2　直近の支払いにおいて現金を使用した人の割合

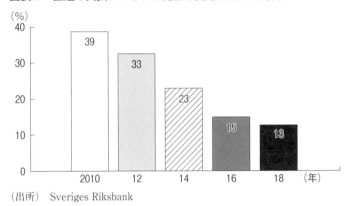

(出所)　Sveriges Riksbank

(2) スウェーデンにおいて使用される支払手段

　ここでは、スウェーデンにおいて決済時に用いられる支払手段の変化について見ていく。

　リクスバンクが2年に一度実施している調査[9]を見ると、直近の支払いにおいて現金を使用した人の割合は2010年には39％であったが、その割合は年々低下し、2018年には13％にまで減少した（図表2）。

　一方、同調査の中で、直近の購買行為の際にデビットカードを利用したとの回答割合は、2014年から2018年まで60％から80％の間で推移（2018年は79.5％）するなど、他の支払手段と比較しても一貫して高水準となっている（図表3）。

9　Sveriges Riksbank（2018a）

図表3　直近の購買行為の際に用いた支払手段

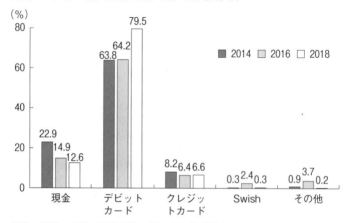

(注)　質問：直近の購買行為で用いた支払手段は何か。
(出所)　Sveriges Riksbank

　また、過去一か月間の決済の中で使用した支払手段（複数回答）についても、デビットカードの使用割合は各年（2014年～2018年）とも約93％と高水準であり、スウェーデンでは、購買行為時において使用される支払手段としては、デビットカードが多いことを示している（図表4）。なお、現金の使用については、2014年には約87％であったものが2018年には約61％まで低下した一方、2012年末にサービスを開始したSwish[10]については、2014年には約10％であったものが、2018年には約62％とほぼ現金と同水準にまでに増加した（図表4）[11]。

10　Swishはスマートフォン等を用いた銀行口座間の資金移動が可能な決済アプリ（2012年12月にサービス開始）。個人間送金を中心としてSwishの使用は急速に増加（詳細は後述）。

図表4　過去一か月の決済の中で使用した支払手段（年別）

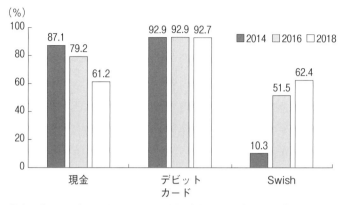

（注）　質問：過去一か月間に用いた支払手段は何か（複数回答）。
（出所）　Sveriges Riksbank

　ところで、過去一か月において決済時に使用した支払手段（2018年）を各年齢階級別にみると、現金を使用したとの回答割合は老年層で高く若年層になるほど低い。例えば65-84歳では現金を使用したとの回答割合は約67％に上るが、若年層になるほどその割合は低下し、18-24歳では約45％となっている（図表5）。一方、Swishを使用したとの回答割合は若年層になるほど高くなる。65-84歳では約26％に留まるが、若年層になるほどその割合は増加し、18-24歳では79％を超える。

11　図表3では、Swishの利用は0.3％〜2.4％（2014年〜2018年）と、他の支払手段と比較すると低い利用率に留まる。これは、このグラフの元となる質問では「購買行為」の際に用いた支払手段について問うているところ、Swishは主に個人間送金の手段として用いられることが多いことが関係していると考えられる。

第7章　スウェーデンの動向

図表5　過去一か月の決済の中で使用した支払手段（2018年・年齢階級別）

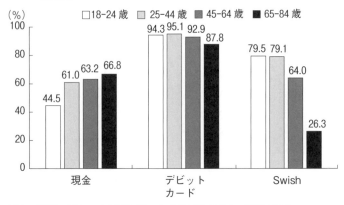

（注）　質問：過去一か月間に用いた支払手段は何か（複数回答）。
（出所）　Sveriges Riksbank

　リクスバンクは、この調査に見られるような、現在の若年層ほど現金を使用しないという事実に着目し、今後、時間の経過に伴い現金の使用率が相対的に高い層（現在の老年層）が、現金の使用率が相対的に低い層（現在の若年層）によって置き換わってゆくことで、今後さらに現金使用の減少が進む可能性を指摘している[12]。

(3)　店舗における現金受入れの可能性

　スウェーデンにおけるキャッシュレス化を論じる際、現金を

12　Sveriges Riksbank（2017a）

受入れない店舗の存在が取り上げられることが多いが、実際のところ、スウェーデンの店舗においてどの程度の店舗が現金を受入れているのだろうか。

これについては、先のリクスバンクの調査にある店舗における現金受入れの状況に関する質問及び回答が参考となる（図表6）。この調査によれば、店舗における支払い時に現金の受入れが拒否された経験が「一度もない」とした回答は2018年で約47％と半数に上るほか、「月に一回未満」との回答は約32％となっている。

また、スウェーデン国内の約97％の店舗が現金を受入れているという調査結果[13]もあり、スウェーデンにおいては、現状、

図表6　店舗において現金の受入れが拒絶された頻度

（注）　質問：店舗における決済時に、現金の受入が拒否された経験はどの程度か。
（出所）　Sveriges Riksbank

[13] Arvidsson et al.（2018）

大半の店舗において現金支払いに困難が生じているわけではないとの見方がされている。

　一方、先のリクスバンクの調査において、現金の受入拒否の経験が「一度もない」との回答は、2014年以降低下を続け2018年には約47％となるなど、現金支払いに支障が生じたケースが増加していることが示唆される。

　また、同調査では、2025年までに自己の店舗が現金の受入れを止めると予測する商店は50％に達しており、将来的に、支払いにおいて現金の使用が困難になる可能性が指摘されている。

(4) 銀行ATMの利用状況の変化

　続いて、スウェーデン国内のATMの利用状況から現金需要の変化を見ていく。

　スウェーデン国内のATM台数は、2011年までは増加傾向が続いたが、2011年の3,566台をピークとして減少傾向に転じ、2017年には2,655台となった（図表7）。

　一方、ATMの取引件数や取引額は、ともにグラフで確認できる2005年以降一貫して減少傾向が続いている。

　ATMの取引件数や取引額が減少していることは、預金者（消費者）の現金需要が減少していることを示すものと考えられるが、近年のATM台数の減少の程度に比して、ATMの取引件数や取引額の減少が目立つことから、リクスバンクは、現金需要の減少は、預金者（消費者）が現金の必要性を感じなくなった結果（消費者サイド自らの選択）との見方を示している。

図表7 スウェーデンにおけるATMの利用状況

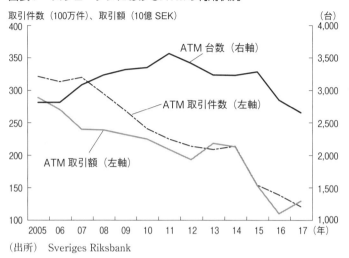

(出所) Sveriges Riksbank

3. 現金需要減少の背景

　第6章においては、スウェーデンにおけるキャッシュレス化の進展は市場主導で進んだことやその背景が述べられている。ここでは、第6章で指摘された背景を中心に、具体例やデータ等を用いて紹介する。

(1) IT化の進展

　スウェーデンにおけるキャッシュレス化の進展に寄与したものとして挙げられるものの一つに、IT化の進展がある。そし

て、企業が従業員の家庭にPCを購入した場合に税制上の優遇を与えるという政策[14]が、スウェーデン国内の家庭へのPCの普及を促進した側面があることが指摘されている。その他、教育現場におけるITの積極活用や、情報通信分野における規制緩和なども実施された[15]。

なお、IT化水準の向上については、欧州委員会が公表するIT化の普及に関する指数の各国比較が参考となる。

この比較を見ると、スウェーデンはEU28ヵ国中第2位（2018）と、他国と比較してIT化が進んだ国であることが確認できる（図表8）。

(2) 新たな支払手段等の普及

スウェーデンにおいては、国内銀行の協力関係の中で、モバイル決済アプリである「Swish」が開発されたほか、近年のスウェーデンの決済市場では、他の新たな支払手段等も台頭・普及している[16]。

① Swish

スウェーデン国内の主要銀行の協力関係により開発された代表的なものの一つが「Swish」と呼ばれるモバイル決済アプリ

14　"The Home PC Reform"（1998）

15　小豆川（2001）

16　Sveriges Riksbank（2017a）では、近年の現金需要の減少については、①新たな技術とイノベーション、②e-commerceの普及など、消費パターンの変化、③人口要因、を要因として挙げている。

208　Ⅱ　支払手段の多様化と各国の動き

図表 8　Digital Economy and Society Index (DESI) 2018年

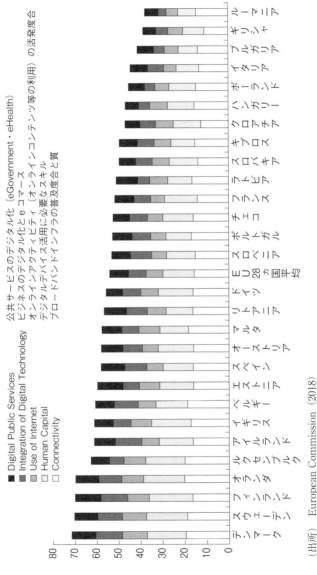

（出所）European Commission (2018)

である（図表 9 ）。

Swishは、スウェーデン人口約1,000万人のうち680万人が登録（2018年時点）を行っている、スウェーデン国内に大きなシェアを持つ支払手段の一つである。

Swishの最大の特徴は、主にスマートフォンにインストールしたSwishアプリケーションを通じて、24時間・365日、即時に銀行間の資金移動が可能なことである。この即時の資金移動は、BiR（Payments in Real time）[17]と呼ばれる決済システムが背後で稼働することにより実行される。

現在、Swishは、個人間送金のほか店舗における決済やe-commerce利用時に使用可能[18]だが、利用状況の内訳をみると個人間送金が大半[19]を占めることが特徴的である。

なお、Swish利用時の個人認証は、BankID[20]と呼ばれる電子個人認証を用いる。

Swishを用いた個人間送金には、純粋な個人間の金銭のやり取りのほか、市中の個人商店等の小規模事業者に対する支払い

---

17 2012年稼働開始。スウェーデン国内の 9 銀行が共同で開発。Swishは本システムを用いた最初のサービスである。

18 2012年のサービス開始当時は個人間送金のみの機能であったが、2014年には店舗での支払いが可能となったほか、2017年にはe-commerceでの支払いにも利用できるようになった。

19 Getswishの統計によると、2019年 5 月における取引金額の内訳は個人間送金：81.7％、店舗支払い：8.8％、e-commerce：9.5％となっている。

20 社会保障番号と銀行口座を紐づけた個人認証システム。Swishの利用に際しては、BankIDのアプリケーションをインストールする必要がある。BankIDの現在のアクティブユーザーは約800万人（2019年 5 月時点）。

図表9　Swishの概要

✓スウェーデン国内大手銀行が出資するGetswish社が運営・管理するモバイル送金・決済アプリ。2012年12月、スウェーデン国内の主要6銀行がサービス開始。

✓海外の競合ペイメントサービスの進出を念頭に、国内銀行が連携して開発。

✓当初はP2P送金機能のみ（送金手数料無料）。現在では店舗決済（2014年〜）やeコマース（2017年〜）にも対応（事業者に対しては手数料負担有）。

✓Swish決済金額内訳（2019年2月）P2P：82%　店舗決済：8%　eコマース：10%

特徴

✓銀行口座間資金移動。24時間・365日即時決済可能。

✓BankIDと呼ばれる携帯電話番号に銀行口座などを紐づけた認証システムを活用。

✓国内唯一のP2P送金アプリ。圧倒的なユーザー数（2018年時点で約680万人（スウェーデン国内）が登録）を誇る。
（参考）スウェーデン人口は約1000万人（2018年時点）

今後の戦略

✓北欧諸国のモバイル決済アプリ（デンマークのMobilePay、ノルウェーのVipps）との連携を模索。

✓与信機能の追加を検討中。

※銀行等の協力関係

スウェーデンでは、Swishの開発に代表されるように国内主要銀行が連携して共通インフラを構築するなどしてきた歴史がある。
（例）Bankgirot（決済システム）、BiR（即時決済システム）、Bankomat（ATM）、BankID（個人認証システム）等

（出所）　各種資料を基に当研究所作成。

も含まれていると考えられるが、Swishは、従来は現金が用い
られることが多かった個人間の資金移動に現金に変わる新たな
手段を提供したことに意義があると評価されている[21]。

②　その他（Klarna、iZettle）

スウェーデンでは、Swish以外にも決済関連の新たなサービ
スが登場している。

Klarna（クラーナ）[22]は、オンラインショッピング等のECサ
イト利用の決済時に、商品の販売業者と消費者の間にKlarna
が入り支払いを立て替え払いすることで、消費者に商品代金の
後払いサービスを提供している。この仕組みにおいては、
Klarnaが消費者に対して与信を発生させることとなるが、そ
の与信判断の際に消費者の支払い履歴やWebの閲覧履歴等の
情報を使用する手法を用いている。

また、iZettle（アイゼトル）[23]は、販売業者等に対しスマート
フォンやタブレット端末等を通して接続する安価なカード端末
を提供しており、デビットカードをはじめとしたカード支払い
をさらに普及させた側面があるように思われる。

21　Arvidsson（2018）
22　2005年、ストックホルムにて創業。現在、14か国でサービスを展開
　　し、顧客数は約6,000万人。現在は銀行免許を取得。
23　2010年創業。2018年に米PayPalが約22億ドルで買収。

212　Ⅱ　支払手段の多様化と各国の動き

(3) スウェーデンにおける支払手段等に関連する歴史的
　　経緯

　スウェーデンでは1950年以降通貨流通高の対名目GDP比が
低下していることは先ほど述べたが、スウェーデンにおいては
1950年代以降、支払い手段に関する様々な事象が発生してい
る。

　例えば、1950年代に銀行口座への給与振り込みが普及したほ
か、デビットカードをはじめとしたカードシステムも1990年代
に普及している。

　また、近年においても、公共交通機関や銀行などにおける現
金取扱いの削減（2000年代中盤）[24]や、業界の信頼低下やサービ
ス料の高騰に繋がったとされる現金輸送会社の倒産（2012年）
なども発生している（図表10）。

4．現金需要減少の影響に対する
　リクスバンクの問題意識

　第6章では、キャッシュレス化が進展した状況下で起こりう
る問題点として、現金の利用がしにくい状況が生じ、生活に支
障を感じる人々が出てきていることや、一般の国民が利用可能
なリスクのない資産、中央銀行マネー[25]へのアクセスが停止す

24　犯罪被害のリスクを理由に、現金を取り扱う公共交通機関や金融機関
　　従業員から現金取扱業務を不安視する声が上がった。

図表10　スウェーデンにおける支払手段の歴史

1661　銀行券発行（世界初）
　民間銀行のストックホルム銀行が世界初の銀行券を発行。

1668　リクスバンク設立（世界初の中央銀行）

1960s　銀行口座への給与振込の普及

1990s　カードシステムの普及

2003　ユーロ導入否決
　ユーロ導入の是非を問う国民投票の結果、否決。
　※反対票：56%（全体の投票率：82%）

2000s中盤　労働組合による現金削減活動
　強盗の発生などを理由として、公共交通機関、銀行業、加盟店の労働組合は、ロビー活動を通じて現金の取扱いを削減。

2012　現金輸送会社の倒産
　現金輸送会社 Panaxiaが破産を申請。業界の信頼低下とサービス料の高騰につながった。

2012　モバイル決済アプリ「Swish」のサービス開始

2015-16　新紙幣・新硬貨への切り替え
　20, 50, 200, 1000クローナ…新紙幣導入2015/10/1
　　　　　　　　　　　　　　　旧紙幣の有効期限2016/ 6 /30
　100, 500クローナ　　　　…新紙幣導入2016/10/3
　　　　　　　　　　　　　　　旧紙幣の有効期限2017/ 6 /30
　1, 2, 5 クローナ　　　　　…新硬貨導入2016/10/ 3
　　　　　　　　　　　　　　　旧硬貨の有効期限2017/ 6 /30

（出所）　Sveriges Riksbank, Arvidsson（2017）等を参考に当研究所作成。

図表11 スウェーデンにおいて発行された世界最大の銅貨（1644年）

（出所） Sveriges Riksbank

ることをリクスバンクが挙げていることが指摘されている。

　以下では、その他、リクスバンクが挙げている問題意識について整理する。

　リクスバンクは、近年普及してきたデジタル技術を用いた支払手段の普及が更に進み、相対的に決済時における現金の使用機会が今後も減少していく場合、デジタル技術を用いた支払手段にアクセスできない一部のグループ（老年層、障害者、移民等）が金融排除されてしまうことを挙げている[26]。

25　中央銀行が発行するマネーには、主に銀行間取引に用いられる中央銀行当座預金と銀行券（現金）の二種類が存在するが、一般国民は中央銀行当座預金を保有できない。
26　この指摘に関連する解説は、第6章が詳しい。

また、決済時の不便さにより現金使用の減少が継続し、それ
がある一定の閾値を下回った場合、その後の更なる急速な現金
の減少につながり、最終的に現金の入手自体が困難になる可能
性についてもリクスバンクは指摘している。そうなった場合、
財やサービスの購入に現金を用いることを希望する層が社会生
活から排除されることに繋がりかねない。

　更にリクスバンクは、決済システムへの影響として、現状普
及している電子決済インフラの運営が少数の民間企業に集中[27]
していることから、決済システムの効率性や強靭性に問題が生
じうる可能性について懸念を示している。

　その他、現金の減少に伴い、決済時に現金を使用できない
ケースが増加した場合、法定通貨[28]の概念に対する疑問なども
生じうるとしている。

27　リクスバンクは、民間企業が（支払手段の提供について）利益追求の
　観点を最優先に事業を推進することで、社会的便益が最優先されない可
　能性についても指摘している。また、スウェーデン国内の決済関連のイ
　ンフラの重要な部分が海外企業（MastercardやVisa等）に依存するこ
　とになる点についても懸念を示している。

28　スウェーデンでは、スウェーデンクローナは法定通貨として定義され
　ているものの、契約自由の原則に基づき、当事者間の事前の同意（もし
　くは同意とみなされる状況、例えば店頭に現金受入拒否の看板設置等）
　があれば、現金受入れの拒絶が認められる（リクスバンクのホームペー
　ジより）。
　　https://www.riksbank.se/en-gb/payments--cash/notes--coins/
　questions-and-answers/

5．現金需要が減少する現状に対する対応

　第6章では、キャッシュレス進展に伴い発生しうる問題点を指摘しつつ、その対応策として、金融機関に対して現金の預入・引出を義務化しようとする動きがあることや、リクスバンクが法定電子通貨の発行を模索していることを述べている。

　ここでは、それらの対応策についての詳細を紹介する。

⑴　現金取扱いの義務化に向けた動き

　2018年6月、スウェーデン議会に置かれた超党派委員会であるリクスバンク委員会は、市場から現金が減少している現状を踏まえ、現金の取扱に関する提案を公表した[29]。

　この中でリクスバンク委員会は、一定規模以上の預金（700億クローナ超）を保有する金融機関[30]に対し、預金の引出しと預入といった現金サービスの妥当な提供（reasonable access）[31]を義務付けることを提案した。

　リクスバンク委員会は、この提案の背景として、現金サービス（預金の引出しや預入れ等）を提供する銀行の支店等が半数以下に減少しており、これが現金流通の下降トレンドに部分的に

29　Riksbankskommittén（Riksbank Committee）（2018）
30　この基準によりスウェーデン国内の大手銀行6行が範囲に含まれる。
31　提案の中で、現金サービスの「妥当な提供」の定義は、人口の99.7％が25km圏内で現金の引出しが可能なこと、および、人口の98.8％が25km圏内で売上金の入金が可能な状況としている。

第7章　スウェーデンの動向　217

寄与したことを指摘しているほか、現金は一部の人々にとっては引き続き重要な支払手段であり、現金が利用可能な状態にあることで、社会の脆弱性が低減されるほか、有事の際の備えを強化することに繋がるとしている。

その他、スウェーデン国内の現金取扱いは少数の民間業者によって運営されており、このことにより、現金の発行や輸送から現金の預入、引出し等までの現金マネジメントの繋がりが脆弱になっていることへの懸念についても言及している。

なお、2018年10月、リクスバンクは、このリクスバンク委員会の提案に対する見解を表明している[32]。その中でリクスバンクは、提案の内容についてはおおむね賛成としつつも、提案にある現金取扱義務化の対象となる金融機関の範囲については、一定規模以上の金融機関ではなく、すべての金融機関を対象にするべきであるとしているほか[33]、法定通貨としての現金のステータスを明確にするべきとの見解も述べている。

(2) 法定デジタル通貨（e-krona）発行の検討

リクスバンクは、スウェーデン社会において銀行券や硬貨といった現金の使用が減少し、電子的な支払手段の利用が進む

---

[32] Sveriges Riksbank（2018b）

[33] そのほか、リクスバンク委員会の提案では、現金サービスの「妥当な提供」の範囲として、人口の98.8％が25km圏内での「売上金の入金」が可能（対象が商店）となることを条件としているが、これについて、リクスバンクはその範囲を「個人による現金の預入」とするべきであるとしている。

中、将来的に大多数の家計や企業が現金を支払手段として用いなくなった場合、リクスバンクが負う安全かつ効率的な決済システムを構築する義務を達成できなくなる可能性があるとの考えのもと、電子的な形でスウェーデン通貨（クローナ）を提供する手段として、2017年以降、法定デジタル通貨（e-krona）発行の是非について検討を進めている。

① e-kronaの概要

e-krona発行の是非に関しては、技術的側面や政策的側面、法的側面といった多方面から現在も検討が続けられており、全体の成案が得られている状況ではないが、ここでは、現時点において判明しているe-kronaの概要（機能）をいくつか紹介する。

まず、想定されるe-kronaの大きな特徴は、主に家計と企業間の支払手段として用いられ、24時間・365日の即時決済が可能な法定デジタル通貨、ということである。

そのほか、発行の形式としては、「バリュー型」と「アカウント型」という二種類が想定されている。「バリュー型」は、電子マネーに近い形で、価値をスマートフォンやカードといったトークンに記録し使用するものである。一方、「アカウント型」は、e-kronaを保有する主体が個々にリクスバンクに口座を保有し、その口座に記録された価値を使用するという形式である。現状、e-kronaの発行に舵を切った場合にいずれの形式を用いるかについては検討中だが、今後予定されるe-kronaの

第7章　スウェーデンの動向　219

試行（パイロット・テスト）では、「バリュー型」が想定されているようである。

その他、e-kronaへの付利については現行法の改正が必要などの理由もあり、少なくとも、当初は付利をしないことが想定されているほか、現金が持つ特徴の一つである匿名性をどのような形で実現するのか、といったことや、通信環境が整わない中（オフライン）での使用可能性等についても検討されている。

リクスバンクは今後について、e-kronaの設計に関する更なる分析を進め、法整備の必要事項の検討や技術的な選択肢の決定、パイロットテストに関する事項など、引き続き幅広い検討を続けていく意向を示している。

②　e-krona検討の経緯

リクスバンクによる法定電子通貨の発行が注目されるようになったきっかけは、2016年11月のシングスリー副総裁の講演[34]であるが、この講演の中で、シングスリー副総裁は、スウェーデンの現金流通高の対名目GDP比が1950年以降低下していること、そして現金による支払いができず問題が発生している層が存在する点などを指摘しつつ、リスクフリーな中央銀行マネーである現金の存在なくして安全で効率的な決済システムが維持できるのか、という問題意識を提示した。そして、リクスバンクが直面する問題を「緊急的課題（burning issue）」と表

---

[34]　Skingsley（2016）

図表12　法定デジタル通貨（e-krona）の検討経緯

2016年11月	シングスリー副総裁講演 　→e-krona発行の検討についての発言
2017年 春	e-krona発行に関するプロジェクトが開始 　→発行についての判断を2018年中に行うことを示唆37
2017年 9 月	中間報告書 e-krona report1 を公表
2018年10月	中間報告書 e-krona report2 を公表 　→具体的な発行時期については明記せず
2018年11月	シングスリー副総裁講演

（出所）　Sveriges Riksbank資料を基に当研究所作成。

現し35、電子的に中央銀行マネーに対する需要を満たすことについて注意深く検討していく旨を述べた。

　なお、リクスバンクは、e-kronaを現金の「代替」と位置付け、現金については需要がある限りは発行を続ける旨を明言している。

　リクスバンクは、e-kronaに関するプロジェクトを2017年春に正式に開始し、これまで 2 本のまとまった中間報告書を公表している（2017年 9 月、2018年10月）。プロジェクトの開始時点（2017年春）では、e-krona発行の是非についての判断は2018年中に行うことが想定されていたが、2018年10月に公表された最新の報告書36の中では、e-kronaのパイロットテストの実施に

---

35 「e-kronaの発行を決定したわけではないが、発行の可能性について調査していく。現金の利用が減少していることは、我々にとっては、より緊急的課題（burning issues）であることを意味している。」
36 Sveriges Riksbank（2018c）
37 Sveriges Riksbank（2017b）

第 7 章　スウェーデンの動向　221

言及しつつも、発行の是非については引き続き調査を続けていくとした。

2018年10月時点において、イングベス総裁は、発行の是非についての決定はパイロットテストの実施を経た後の判断とする意向を示していたほか[38]、パイロットテストについても2019年〜2020年の実施が想定されていた（図表13）が、本章執筆時点（2019年5月）では、具体的な計画に関する発表はされていない。

2018年11月に実施された講演[39]の中で、シングスリー副総裁は、e-kronaについては、「将来的に現金が使用されなくなった際のより周到な準備」[40]と位置付けている。そして、e-kronaの技術的側面や政策的側面、法的側面といった検討分野においてはかなりのところまで検討が進んだことを認めつつも、結論に達するまでにはまだやるべきことが残っているとし、今後も検討を続けていくとしている[41]。

38　Ingves（2018）
39　Skingsley（2018）
40　「分析を行い、取るべき道の代替案を生み出すことで、将来的に現金が更に使用されなくなった際のより周到な準備に繋がると確信している。」
41　「（e-kronaの検討を始めてから）2年が経過し、e-kronaの検討についてはかなりのところまで来たと言えるが、ゴール（発行についての決定）に至るまでには、いまだやるべきことがある。」

図表13　想定される検討スケジュール（2018年10月時点）

・リクスバンクにアカウント型のe-krona発行の権限を与える法
　改正の必要性に関する調査（2019年）
・e-kronaのパイロットテストのための参考資料の起草や技術的
　なサポートの獲得（2019年）
・e-kronaの技術的解決策の起草やパイロットテストの実施・評
　価（2019-20年）
・議会による新たな法律採択の選択（2020-21年）
・市場関係者等との連携のもと、詳細な計画を実施するための準
　備（2021年以降）

（出所）　Sveriges Riksbank資料を基に当研究所作成。

6．まとめ

　これまで述べたように、スウェーデンでは1950年代から現金
需要の低下が続いてきた。そして、Swishに代表されるような
新たな支払手段の登場などによって、近年その動きは加速しつ
つある。

　一方、近年の現金需要の低下に際し、スウェーデンが直面す
る課題も明らかになりつつある。現金を用いない支払手段が支
配的になり、日常の支払手段として現金が使用できなくなる場
合に発生しうる問題に対し、現金取扱いの義務化や法定通貨の
定義を見直すことが提案されているほか、法定デジタル通貨
（e-krona）発行の是非が検討されている。

　しかし、これらの対応策は今まさに検討中の事項であり、

第7章　スウェーデンの動向　223

刻々と状況が変化していくことが予測されるほか、現金需要の
低下が更に進んだ場合、新たな課題が表面化してくる可能性も
ある。キャッシュレス先進国スウェーデンの動向については今
後も注意深く観察していきたい。

【参考文献】

小豆川裕子（2001）「もう一つのスウェーデンモデル―「共同型」
　　IT国家に学ぶ―」ニッセイ基礎研REPORT。

Arvidsson N.（2017）"OPPORTUNITIES AND CHALLENGES IN
　　A CASHLESS SOCIETY".

Arvidsson N.（2018）"Transformation into a Cashless Sweden".

Arvidsson, N., Hedman J. and Segendorf B.（2018）"När slutar
　　svenska handlare att acceptera kontanter?（When will
　　Swedish retailers stop accepting cash?)", Handelsrådet
　　(Swedish Retail and Wholesale Council), report no. 1.

European Commission（2018）"The Digital Economy and Society
　　Index（DESI）2018".

Ingves S.（2018）Speech "The e-krona and the payments of the
　　future", Sveriges Riksbank.

Riksbankskommittén（Riksbank Committee）（2018）"Tryggad
　　tillgång till kontanter（Secure access to cash）SOU 2018：42".

Skingsley C.（2016）Speech "Should the Riksbank issue e-krona?",
　　Sveriges Riksbank.

Skingsley C.（2018）Speech "Considerations for a cashless future",
　　Sveriges Riksbank.

Sveriges Riksbank（2017a）"The Riksbank's e-krona project,
　　Report 1 ", Sveriges Riksbank.

Sveriges Riksbank（2017b）"Riksbankens e-krona 14 March 17 Project plan", Sveriges Riksbank.

Sveriges Riksbank（2018a）"Payment patterns in Sweden 2018", Sveriges Riksbank.

Sveriges Riksbank（2018b）"All banks should be obliged to handle cash", Sveriges Riksbank.

Sveriges Riksbank（2018c）"The Riksbank's e-krona project, Report 2 ", Sveriges Riksbank.

Swedish Civil Contingencies Agency（2018）"If Crisis or War Comes".

第8章

ドイツの動向 [*]

奥　　　愛 [1]
佐野　春樹 [2]

---

[*]　本稿の執筆にあたっては、ドイツ中央銀行（ブンデスバンク）及び欧
　　州中央銀行（ECB）で意見交換を行った。また、ベルリンでは武邑光
　　裕氏から欧州の現状についてご教示いただいた。現地調査に当たって
　　は、在ドイツ大使館の加塩雄斗前二等書記官、フランクフルト領事館の
　　佐藤寿彦前領事に大変お世話になった。記して感謝申し上げたい。な
　　お、本章の文責は全て筆者に帰するものである。

[1]　財務省財務総合政策研究所総務研究部総括主任研究官
[2]　財務省財務総合政策研究所総務研究部研究員

要　旨

　ドイツのキャッシュレス比率は日本よりも低く、ドイツは現金が多用されている国である。しかし、その支払習慣は、支払手段の多様化に伴い徐々に変化している。ドイツで現金が多く用いられる理由として、高齢者への対応以外にも、現金には「決済の匿名性」や「自由」があることが評価されている。ドイツを含めたユーロ圏の動きとして、欧州中央銀行（ECB）は2018年11月より小口決済をリアルタイムで行う決済基盤（TIPS）を構築しており、資金決済のさらなる効率化や利便性の向上を進めている。

1．なぜドイツに着目したのか

　ドイツのキャッシュレス比率は、経済産業省の「キャッシュレス・ビジョン」（2015年時点）では14.9％となっている（第1章　図表3）。これは日本のキャッシュレス比率18.4％よりも低く、他の主要国と比較しても低い。一方で、ドイツでは、チャレンジャーバンク（銀行免許を持ち金融サービスを主にスマートフォンで提供する企業）をはじめフィンテックが数多く生まれており、決済を取り巻く環境に変化が生じている。本章では、なぜドイツで現金が支払手段として多用されているのかを探る。また、ドイツを含めユーロ圏では、支払手段がどのような方向に向かっているのかを確認する[3]。

2．ドイツでの支払手段

　ドイツ中央銀行であるブンデスバンクは、2008年以降、"Payment behaviour in Germany" と称する支払手段の実態調査を3年に1度公表している。また、ブンデスバンクは毎年「キャッシュ・シンポジウム」を開催している[4]。この「キャッ

---

[3]　ドイツの通貨の歴史を確認すると、1990年の東西ドイツ統一に伴い、通貨がドイツマルクに統一された。その後、1999年にユーロがまずは電子決済から導入され、2002年にユーロ紙幣・硬貨の流通が開始された。2018年にECBは、違法行為に利用される可能性があるとの理由から、500ユーロ紙幣の新規発行を廃止している。

第8章　ドイツの動向　229

シュ・シンポジウム」の開催目的は、現金を利用するあらゆる
ステークホルダーの間で対話の機会を設け、交流を促進するた
めのプラットフォームとすることや5、現金支払い状況に関す
る学術分析や今後の現金支払いの発展可能性を理解するた
め6、とされている。以下では、ブンデスバンクの調査結果に
基づき、ドイツでの支払手段の状況を確認する。

(1) 支払手段として現金が多用

　まず、ドイツにおける各支払手段の取引状況について、取引
回数と取引金額に分けて確認する。取引回数でみると（図表
1）、比率が最も高いのは現金で、全体の74.3％を占めている。
次に高いのは非接触型を除いたデビットカードで18.4％となっ
ている。取引金額でみると（図表2）、最も高いのは現金の
47.6％となっている。その次に非接触型を除いたデビットカー
ドの34.0％となっている。つまり、取引回数・取引金額のいず
れでも、現金、次に非接触型を除いたデビットカードの順番で
利用されている。ただし、取引回数でみた現金と非接触型を除
いたデビットカードの差よりも、取引金額でみた現金と非接触
型を除いたデビットカードの差の方が小さいことから、金額が
大きくなると現金よりも非接触型を除いたデビットカードがよ

4　1年おきに国内招聘者のみのシンポジウム、海外から招聘者を招いた
　国際シンポジウムを交互に開催している。
5　2016年Cash symposiumでの総裁スピーチ。
6　2017年のInternational Cash Conference 2017の開催趣旨。

図表1　取引回数でみた支払手段

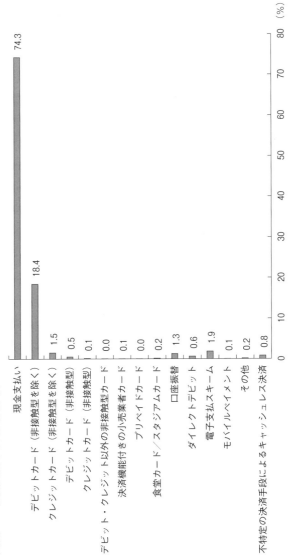

支払手段	%
現金支払い	74.3
デビットカード（非接触型を除く）	18.4
クレジットカード（非接触型を除く）	1.5
デビットカード（非接触型）	0.5
クレジットカード（非接触型）	0.1
デビット・クレジット以外の非接触型カード	0.0
決済機能付きの小売業者カード	0.1
プリペイドカード	0.0
食堂カード／スタジアムカード	0.2
口座振替	1.3
ダイレクトデビット	0.6
電子支払いスキーム	1.9
モバイルペイメント	0.1
その他	0.2
不特定の決済手段によるキャッシュレス決済	0.8

(注)　2017年に調査実施。
(出所)　Deutsche Bundesbank "Payment behaviour in Germany in 2017" より作成。

第8章　ドイツの動向　231

図表 2 取引金額でみた支払手段

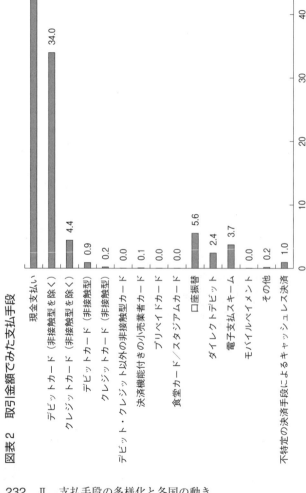

(注) 2017年に調査実施。
(出所) Deutsche Bundesbank "Payment behaviour in Germany in 2017" より作成。

く使われているといえる。

(2) 金額に応じた支払手段の変化

金額に応じてどのように決済手段が変化するかを確認したのが図表3である。これをみると、5ユーロ未満は96％が現金支払いとなっている。現金の割合は、支払金額の上昇とともに少しずつ減少し、その分デビットカードによる支払いが増えている。また、支払金額が高額になるにつれ、徐々にクレジットカード支払いが増えてくる。ただし、100ユーロ以上の支払いになると、クレジットカードよりも口座振替の割合の方が高くなる。ドイツでは金融機関の口座保有率は99％であり（第1章図表5）、こうした普及率の高さも背景にあると考えられる。

ドイツのカード保有枚数をみると（第1章 図表8）、デビットカード、電子マネー、クレジットカードの順番に多くなっている。電子マネーの枚数が多いのは交通系カードが多いためである。しかし、ドイツは地方分権が進んでいることもあり、カード間の相互互換性があまりない。よって交通系の電子マネーはキヨスクなどを除いてそれほど使われていない状況となっている。少額決済では、身近な生活の場で便利に使えるかどうかがポイントとなる。

(3) 現金利用の変遷とその背景理由

ドイツでは現金が多用されているが時系列でみるとどうなっているのだろうか。現金支払い状況を時系列で確認したのが図

図表 3　金額別の支払手段

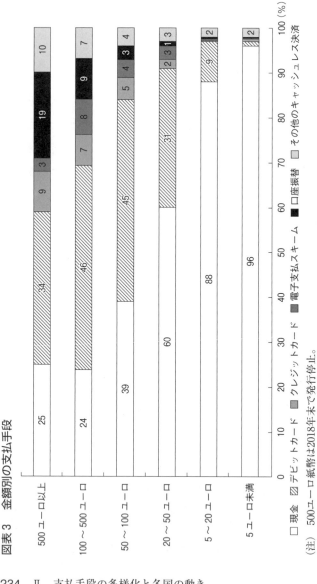

(注)　500ユーロ紙幣は2018年末で発行停止。
(出所)　Deutsche Bundesbank "Payment behaviour in Germany in 2017" より作成。

234　Ⅱ　支払手段の多様化と各国の動き

表4である。これをみると、ブンデスバンクが調査を開始した2008年以降、現金支払いの割合が、回数でも金額でも徐々に減少している。

ブンデスバンクのバイトマン総裁は、「ドイツにおいても現金の利用は時間とともに変化していく。キャッシュレス支払いといった支払形態の重要性が増しつつある。しかしながら、支払手段の変化はゆっくりと生じていき、一夜で変わることはない」と述べ[7]、現金支払いが多いドイツも、ゆっくりとではあるが変化していくと述べている。ブンデスバンクは支払手段については中立的立場にあり、どのような支払手段を選ぶのかはあくまで個人であるとしている[8]。

その変化の背景にあるのがフィンテックである。ドイツでは、N26のような銀行免許を持つチャレンジャーバンクをはじめ[9]、フィンテックが近年盛んになっている。ドイツにフィンテックが多い理由としては、①ドイツは国の規模が大きいためフィンテックにとっても市場が大きいこと、②フィンテックに投資できるような一定のまとまった資金が市場にあること、③他の国に比べて政治が安定していること、が考えられる。特にベルリンはフィンテックが集積する地域になっている。企業ごとに事情は異なるものの、海外も含めた大企業と業務提携を進

7　Deutsche Bundesbank（2018a）
8　Deutsche Bundesbank（2018b）p.7。
9　N26が顧客から支持される理由については、武邑（2018a）pp.111-119、武邑（2018b）が詳しい。

図表4　ドイツにおける現金支払割合の推移

【回数】
(%)

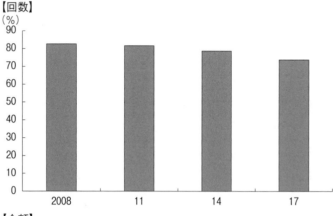

【金額】
(%)

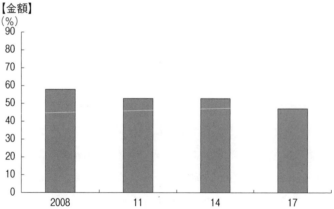

(出所)　Deutsche Bundesbank "Payment behaviour in Germany in 2017" より作成。

め、投資を受け入れ企業規模を拡大している段階にある。フィンテックの中でも銀行免許を保有している企業については、金融監督規制の対象となっており、従来から免許を保有している

金融機関と変わらない監督規制を受けている。

3．ドイツにおける支払手段に対する評価

⑴　支払手段に対する評価

　図表 5 は、現金、デビットカード、クレジットカード、電子支払スキーム[10]を評価した結果である。これをみると、現金に対する評価が他の支払手段よりも全体的に高くなっている。ただし、「①損失防止」という点では、現金よりもデビットカードの方が評価はやや高い。

　現金が他の支払手段を引き離して高く評価されている項目として「⑤プライバシー」がある。現金には匿名性があるが、他の手段で支払った場合はデータとして記録される点を意識した評価と考えられる。

　また、回答者に注目すると、「クレジットカード保有者」は「全回答者」よりも、デビットカード、クレジットカード、電子支払スキームといった支払手段を高く評価している。つまり、カードは、使ったことがある人からの評価が高くなることがこの回答に反映されているといえる。

10　電子支払いスキームの例示として、Paypal、SOFORT、Uberweisungが挙げられている。

第 8 章　ドイツの動向　237

図表5 各支払手段に対する評価

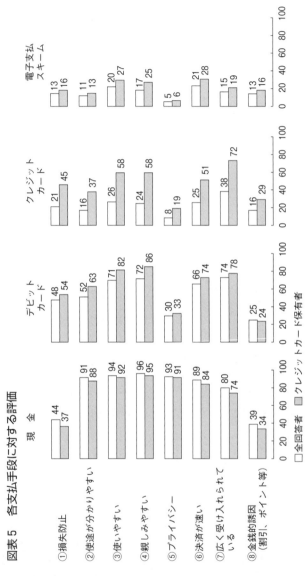

(注) 質問は "In your opinion, which payment instrument actually offers that feature?"（複数回答）。
(出所) Deutsche Bundesbank "Payment behaviour in Germany in 2017" より作成。

238 Ⅱ 支払手段の多様化と各国の動き

⑵　ドイツの現金に対する考え方

　以上でみたように、ドイツでは現金に対する評価が総じて高く、支払手段としても現金が最もよく使われている。ドイツには現金に対するどのような考え方があるのだろうか。

　図表6はブンデスバンクが実施したアンケート調査結果をまとめたものである。質問のうち、「①高齢者のような社会の一部の層は、現金のない世界に対処できない」ことについては、「強くそう思う」が77％、「概ねそう思う」が19％であり、全体で96％の人がこの考え方を支持している。また、「②現金は子どもたちをお金に慣れさせるための重要な手段だ」との項目に対しては、「強くそう思う」が71％、「概ねそう思う」が22％を占めており、全体で93％の人が支持している。高齢者のみならず、子どもへの影響についても質問項目に含まれている。回答結果をみても、共に支持率が高い。

　特徴的なものとして、「④支払いの匿名性のためにも、現金は保持されるべき」かどうかを聞いた質問に対しては、「強くそう思う」が62％、「概ねそう思う」が26％であり、全体で88％の人がこの考え方を支持している。さらに「⑤現金廃止は市民の自由を侵害する」かどうかについては、「強くそう思う」が56％、「概ねそう思う」が25％であり、全体で81％の人がこの考え方を支持している。このように、現金には「匿名性」や「自由」があることを高く評価している点は、図表5にあるように、「プライバシー」の観点で現金の評価が他の支払

図表6 ドイツの現金に対する考え方

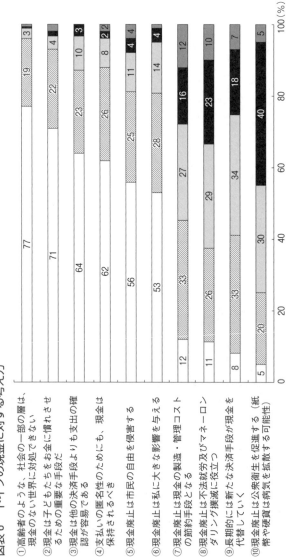

（出所）Deutsche Bundesbank "Payment behaviour in Germany in 2017"

手段よりも高いこととも共通しており、ドイツの特徴だといえ
よう。こうした現金への見方も背景に、「⑥現金廃止は私に大
きな影響を与える」との回答については、「強くそう思う」が
53％、「概ねそう思う」が28％と、全体で81％の人が現金廃止
は影響があると回答している。

　その他、「⑦現金の廃止は現金の製造や管理コストの節約手
段になる」との質問については、そう思うとの意見とそう思わ
ないとの意見がおおよそ半分程度となっている。また、「⑧現
金廃止は不法就労及びマネーロンダリング撲滅に役立つ」との
意見もおおよそ意見が分かれている。さらに、「⑩現金廃止は
公衆衛生を促進する（紙幣や硬貨は病気を拡散する可能性があ
る）」については「全くそう思わない」が40％、「あまりそう思
わない」が30％となり、全体で70％が否定的である。

　さらに「⑨長期的には新たな支払手段が現金を代替してい
く」との質問に対しては、おおよそ5割の人がそう思わないと
回答し、現金が引き続き重要な支払手段であり続けると考えて
いる。一方で、見方を変えれば、4割程度の人が、新たな支払
手段が現金を代替していくと思うと回答しているといえる。ド
イツでも支払手段の多様化が進んでおり、今後、この質問項目
に対する回答も変わっていくと考えられる。

(3)　ドイツの政党マニフェストにおける現金の匿名性へ
のスタンス

　現金に対する考え方は、2019年5月に行われた欧州議会選挙

に向けた政党のマニフェストにも盛り込まれている。主な政党の主張は以下の通りとなっている。

○キリスト教民主同盟 キリスト教社会同盟（CDU CSU）：「現金は生きた自由である。それゆえ我々は現金の廃止に反対する[11]」

○社会民主党（SPD）：「オンラインでの日常的な買い物に対する支払いは匿名とすべき。キャッシュレス支払いは個人のプロファイルを作成することが可能となる。顧客がオンラインで日常買い物をした際の支払いは、現金での支払いが匿名であるのと同等のレベルで匿名であるようにすべき[12]」

○自由民主党（FDP）：「現金をEUの中での支払手段として保全する

　―我々FDPは現金を維持することに賛成している。将来においても、欧州全域で現金支払いが可能であるべき。市民が支払方法を決めるのだ[13]」

　表現に違いはあるものの、いずれも現金に匿名性があることを重視している。それであるが故に、現金廃止に反対し、現金の維持を主張している。また、オンライン支払いといった非現金での支払いにおいても、現金同等の匿名性を求める主張がなされている。

　以上、(1)〜(3)を通じてみたように、ドイツにおいては、現金

11　CDU CSU（2019）p.10.
12　SPD（2019）p.22.
13　FDP（2019）p.42.

のもつ匿名性を重視する強い姿勢がある。ドイツで現金が支持されている理由については、第6章でドイツの歴史的な背景が指摘されている。EUでは、2018年5月にGDPR（一般データ保護規則）の適用が開始されている。ドイツを含め、個人に関する情報について慎重な議論が行われている。

4．ユーロ圏内の状況

これまではドイツで現金が支持されている状況とその背景を確認した。以下ではドイツを含め、ユーロ圏全体の状況はどのようになっているかを確認する。

(1) ユーロ圏内における現金利用の状況

ドイツは主要国と比較するとキャッシュレス比率が比較的低い国に位置づけられるが、ユーロ圏で見た場合はどの程度の位置にあるのか。欧州中央銀行（ECB）が公表しているユーロ圏内での現金利用状況を示した図表7をみると、取引回数別でも取引金額別でみても、ドイツはユーロ圏内で中位となっている。ドイツでは現金が多用されているが、必ずしもドイツだけが特異なのではなく、ドイツよりも現金が多く使われている国がユーロ圏にはあることがわかる。

ランキング順に国の地理的状況をみると、マルタやギリシャといった南部に位置する国では現金が多く用いられており、オランダなど北部に位置する国では現金利用が少ないといった傾

図表7　店頭での現金支払い割合に関する調査結果

(1)　取引回数別　　　　　　(%)

1	マルタ	92
2	ギリシャ	88
3	キプロス	88
4	スペイン	87
5	イタリア	86
6	オーストリア	85
7	ポルトガル	81
8	スロベニア	80
9	ドイツ	80
10	アイルランド	79
11	スロバキア	78
12	リトアニア	75
13	ラトビア	71
14	フランス	68
15	ルクセンブルク	64
16	ベルギー	63
17	フィンランド	54
18	エストニア	48
19	オランダ	45

(2)　取引金額別　　　　　　(%)

1	ギリシャ	75
2	マルタ	74
3	キプロス	72
4	スペイン	68
5	イタリア	68
6	スロベニア	68
7	オーストリア	67
8	スロバキア	66
9	リトアニア	62
10	ドイツ	55
11	ラトビア	54
12	ポルトガル	52
13	アイルランド	49
14	フィンランド	33
15	ベルギー	32
16	エストニア	31
17	ルクセンブルク	30
18	フランス	28
19	オランダ	27

(出所)　ECB "The use of cash by households in the euro area" より作成。

向がある。

(2)　**ユーロ圏の決済について**

世界的にデジタル化が進む中で、インスタント・ペイメン

ト[14]の重要性が高まっている。ECBは、対応策としてリテール決済専用インフラの提供を開始している。それが「TIPS（TARGET Instant Payments Settlement）」である。

TIPSは、365日24時間即時の送金ができるリテール決済のサポートに特化した専用インフラであり、これは2018年11月に、欧州全域をカバーする大口決済用のシステムであるTARGET 2内に設けられた[15]。

ECBがTIPSを目指した狙いは大きく2つに分けられる。第一に、365日24時間即時の送金ができるリテール決済を構築する場合、夜間や週末も銀行間送金を行う必要があるため「夜間や週末に蓄積される銀行間未決済残高のリスク管理をどうするか」という課題への対処である。TIPSは、中銀マネーでの即時決済により、銀行間の未決済残高を直ちに解消することで対応している。これにより、TARGET 2の稼働時間外でも中銀マネーによるファイナリティのある決済が可能になっている[16]。

第二に、これまでは各国別に決済のインフラ整備が進められ

---

14 インスタント・ペイメントについては、The Euro Retail Payments Board（ERPB）において "electronic retail payment solutions available 24/ 7 /365 and resulting in the immediate or close-to-immediate interbank clearing of the transaction and crediting of the payee's account with confirmation to the payer（within seconds of payment initiation)." と定義されている。（https://www.ecb.curopa.eu/paym/retpaym/instant/html/index.en.html）（2019年5月24日アクセス）

15 ECB（2017b）

16 佐川翠・山崎貴弘（2017）

第8章 ドイツの動向 245

てきたが、各国別に対応すれば、欧州のリテール決済市場が分断されてしまう可能性もあることへの対処である[17]。ECBが中心となって、まずはユーロ圏の銀行口座保有者にアクセス可能なサービスであるTIPSを提供することで、リテール決済市場分断のリスクを最小化しようとしている[18]。

[参考] TIPSに至るまでの変遷と概要

　1999年に統一通貨としてユーロを導入した後、ECBなどが中心となり、ユーロの利便性向上のため、欧州域内決済の統合・高度化に向けた取組みが進められてきた。

　まず1999年1月のユーロ導入に合わせ、欧州各国の資金決済システムを接続する、大口決済専用の「TARGET（Trans-European Automated Real-time Gross Settlement Express Transfer）システム」が稼働した。この時点でのTARGETは各国の大口資金決済システムを相互に繋ぐ形態であった。

　資金決済のさらなる効率化や利便性向上のため、2007年11月には、欧州全域を単一のプラットフォームでカバーする「TARGET2」へのアップデートが行われている。しかしながら、依然としてリテール分野では欧州各国の決済サービスは分断されていた。このためEUが主導して「単一ユーロ経済圏」（Single Euro Payments Area：SEPA）プロジェクトを進め、国内外の区別なくユーロ建て決済を簡便にすることを目指した[19]。

　現時点でTIPSでの決済可能通貨はユーロのみ、利用手数料に関しては、2020年11月までは一取引当たり0.0020ユーロ（約

17　ECB "What is TARGET Instant Payment Settlement（TIPS）?"
18　ECB（2017b）
19　European Payment Council

246　Ⅱ　支払手段の多様化と各国の動き

0.25円）と低廉なものになっている。

5．まとめ

　ドイツは現状、キャッシュレス比率が低いが、その背景には現金が持つ「決済の匿名性」や「自由」を重視する国民が多いことがある。支払いに関して「匿名性」を重視する姿勢は、政党のマニフェストにも盛り込まれるほどである。歴史的背景もあり、ドイツでは匿名性のある現金が支持されてきた。一方、ドイツでは、ベルリンを中心にフィンテックが集積し、新たな金融サービスが進展している。また、近年のインスタント・ペイメントの重要性の高まりに対応するため、ECBを中心にユーロ決済の利便性向上・決済高度化に向けた取組みが進められている。ドイツにおいても選択される支払手段は時代と共に変化していくと考えられる。

【参考文献】

佐川翠、山崎貴弘（2017）「ユーロの利便性向上に向けた欧州の取組み―欧州決済インフラの統合および高度化―」日銀レビュー。

武邑光裕（2018a）『ベルリン・都市・未来』太田出版。

武邑光裕（2018b）「銀行に魅了されるなんてことがかつてあっただろうか」『Next Generation Bank』黒鳥社、pp.20-21。

CDU CSU（2019）"Unser Europa macht stark.Für Sicherheit,

Frieden und Wohlstand".

Deutsche Bundesbank（2016）"Opening speech at the Deutsche Bundesbank's third cash symposium".

Deutsche Bundesbank（2017）"International Cash Conference 2017 War on Cash: Is There a Future for Cash?".

Deutsche Bundesbank（2018a）"Opening speech, Fourth cash symposium of the Deutsche Bundesbank".

Deutsche Bundesbank（2018b）"Payment behaviour in Germany in 2017".

ECB（2017a）"The use of cash by households in the euro area" Occasional Paper Series, No201/November 2017.

ECB（2017b）"The new TARGET instant payment settlement （TIPS）service?".

ECB "What is TARGET Instant Payment Settlement（TIPS)?", https://www.ecb.europa.eu/paym/target/tips/html/index. en.html（2019年6月3日アクセス）

ECB "Instant payments", https://www.ecb.europa.eu/paym/ retpaym/instant/html/index.en.html（2019年6月7日アクセス）

European Payments Council "About SEPA", https://www. europeanpaymentscouncil.eu/about-sepa（2019年6月7日アクセス）

FDP（2019）"Europas Chancen nutzen–Das Programm der Freien Demokraten für die Europawahl 2019".

SPD（2019）"KOMMT ZUSAMMEN UND MACHT EUROPA STARK!".

第9章

韓国の動き[*]

中尾　　睦[1]
奥　　愛[2]
井上　俊[3]

---

[*]　本稿の執筆にあたり、韓国の現状調査では、在韓国日本大使館の西野
健 前参事官、村上裕一 前二等書記官、伊藤睦美 専門調査員に協力頂い
た。また、ヒアリング先として訪問した、みずほ銀行ソウル支店及び
KB Innovation HUBでは貴重な現地情報をご教示頂いた。記して感謝
を申し上げたい。なお、本章の文責は全て筆者に帰するものである。

[1]　前財務省財務総合政策研究所副所長
[2]　財務省財務総合政策研究所総務研究部総括主任研究官
[3]　財務省財務総合政策研究所総務研究部研究員

要　旨

　韓国はキャッシュレス比率が高い。その背景には、アジア通貨危機からの打開策として、政府主導でクレジットカード決済促進策を実施してきたことがある。さらに、中央銀行である韓国銀行は、コインレス・キャンペーンを進めている。最近では、さらなるキャッシュレス化への取組みとして、政府主導で中小企業のクレジットカード手数料負担を軽減する目的で、QRコードを用いて銀行口座に紐づけた決済手段「ゼロペイ」を普及させようとする動きがある。韓国のキャッシュレス比率が高い背景には同国固有の背景がある点に留意が必要であるが、新たな取組みも進められていることから、今後の状況が注目される。

1．韓国の現状

　経済産業省が2018年に公表した「キャッシュレス・ビジョン」では、韓国はキャッシュレス比率が89.1％と最も高い国となっている（第1章 図表3参照）。ただし、コーポレートカードを除くと、この比率は67.8％になることが指摘されている[4]。それでも諸外国に比べると、韓国のキャッシュレス比率は高いといえる。本章では、韓国の高いキャッシュレス比率の背景には何があったのか、またキャッシュレス比率が高いことにより、どのような影響が社会に生じているのかを確認する。

(1)　韓国のキャッシュレス化の状況

　まず、韓国のキャッシュレス化の状況を確認する。カード保有枚数をみると、クレジットカードよりもデビットカードの保有枚数の方がやや多くなっているが、日本と同程度の水準にある（第1章 図表8参照）。次に、キャッシュレス決済比率の内訳を確認すると、クレジットカードがデビットカードを上回っている（第1章 図表3参照）。また、カードの使用実績をみると（図表1）、クレジットカードの使用額はデビットカードの使用額よりもかなり高くなっている。さらに、個人消費額に占めるクレジットカード決済額の割合を確認すると（図表2）、

4　経済産業省「キャッシュレス・ビジョン」p.10 脚注10。

図表1　クレジットカード及びデビットカードの使用額

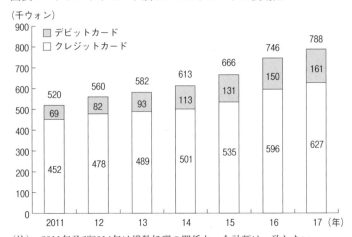

（注）　2011年及び2014年は端数処理の関係上、合計額は一致しない。
（出所）　金融監督院「クレジットカード会社の営業実績」各年資料より作成。

図表2　個人消費額に占めるクレジットカード決済の割合

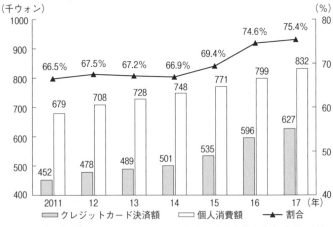

（出所）　金融監督院「クレジットカード会社の営業実績」各年資料、韓国銀行 "Economic Statistics Yearbook" より作成。

近年増加傾向にあり、2017年時点では75.4％となっている。このように個人消費においてクレジットカードが多用されている。キャッシュレス比率は、「比率」であるため分母及び分子の取り方で比率が異なることから注意が必要であるが、それでも韓国ではクレジットカードを中心に相当高い水準にあるといえる。

(2) 支払手段の状況

次に、支払手段について、韓国銀行が2017年に実施したアンケート調査結果をみると（図表3）、利用件数では現金の利用割合がクレジットカードをやや上回っている。ただし、利用金額で見た場合は、現金よりもクレジットカードが上回っていることから、高額支払いを中心にクレジットカードが利用されていることがわかる。

さらに支払手段別の特徴について、利用率、利用件数、利用金額に分けて、性別、年齢別、所得水準別に示したのが図表4～6である。まず、利用率をみると（図表4）、クレジットカードを保有しやすい30～50代は、現金に次いでクレジットカード利用率が高く90％台になっているが、70代以上はクレジットカードの利用率は50％を下回っている一方で現金利用率が100％となっている。利用件数でみると（図表5）、30～40代は現金よりもクレジットカードの利用件数が上回っているが、50代、60代、特に70代になるとクレジットカードの利用件数は現金よりも少なくなっている。高齢者は、現金と比べると現金

図表3 支払手段別の利用状況（2017年）

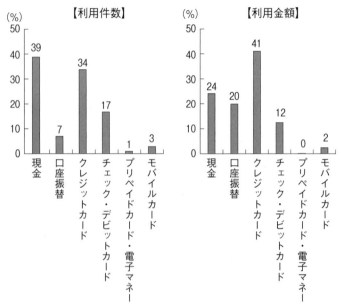

（注）　2017年9月〜11月に成人（19歳以上）2,511人（有効回答者数基準）を対象に実施したアンケートの結果。
（出所）　韓国銀行「2017年支払手段別利用形態に関する調査結果」より作成。

以外の決済手段をそれほど使用していないという点は、他国と共通の事情といえよう。利用金額でみると（図表6）、所得が高いほどクレジットカードの利用金額が高くなっている。さらに、クレジットカードの利用率、利用件数、利用金額とも、概ね所得水準が高い階級ほど高くなっている（図表4〜6）。

(3) 現金利用の状況

　現金の利用状況について、韓国銀行が2018年に実施した経済主体別現金使用形態に関する調査結果に基づき確認する。調査質問として「調査時に、回答者が財布やポケットに保有している現金」（取引用）を尋ねた際の、2015年回答と2018年回答を比べると、現金を保有している世帯割合は99.7％から98.2％に微減し、１世帯あたりの平均現金保有規模は11.6万ウォンから7.8万ウォンへと減少している（図表７・左図）。また、調査質問「所持している現金以外に、非常用に備えて自宅やオフィス等に保有している現金」（予備用）の回答をみると、2015年の27.0％から2018年には23.3％へと低下しており、１世帯あたりの現金保有規模も同様に69.3万ウォンから54.3万ウォンに減少している（図表７・右図）。

　さらに、同調査によれば、最近１年間の現金保有については、全体の76.6％は変動がないと回答しているが、減少したと回答した世帯が18.9％あり、増加したと回答した世帯の4.5％を大幅に上回っている[5]。減少した主な理由は、「簡単送金サービスの開発」（38.7％）と「現金の盗難リスク等のコスト負担」（24.3％）となっている（図表８）。

　以上の結果を踏まえると、韓国では店頭での支払手段として現金の利用が減少しているだけではなく、世帯が保有する現金

5　韓国銀行（2019）「2018年経済主体別現金使用形態に関する調査結果」。

図表4　支払手段別の利用率

区　分		現　金	口座振替
全　体		99.3	64.1
性　別	男　性	99.5	64.2
	女　性	99.1	64.1
年齢別	20代	98.7	71.0
	30代	99.1	78.2
	40代	98.8	74.9
	50代	99.8	70.3
	60代	99.8	43.0
	70代以上	100.0	27.8
所得水準別	2千万ウォン未満	99.6	30.8
	2～3千万ウォン	99.2	46.1
	3～4千万ウォン	99.8	72.0
	4～5千万ウォン	99.1	66.7
	5～6千万ウォン	99.2	70.9
	6千万ウォン超	98.8	84.6

（注）　本調査は2017年9月～11月に全国の成人（19歳以上）2,511人を対象に実施。調査対象者を直接訪問し、最近6ヵ月間の支払手段利用形態を調査したもの（重複回答可）。

図表5　支払手段別の平均利用件数

区　分		現　金	口座振替
全　体		12.3	2.2
性　別	男　性	11.4	2.2
	女　性	13.2	2.2
年齢別	20代	10.8	1.8
	30代	10.8	2.7
	40代	11.8	3.1
	50代	13.2	2.5
	60代	13.6	1.6
	70代以上	14.8	0.7
所得水準別	2千万ウォン未満	14.6	1.1
	2～3千万ウォン	13.4	1.7
	3～4千万ウォン	12.9	2.4
	4～5千万ウォン	12.1	2.3
	5～6千万ウォン	11.9	2.4
	6千万ウォン超	9.3	3.0

（注）　月平均利用件数。

（単位：％）

クレジット カード	チェック・ デビットカード	プリペイドカー ド・電子マネー	モバイルカード
79.1	56.7	2.6	16.9
80.1	56.3	1.8	17.5
78.2	57.0	3.3	16.4
61.9	73.6	4.8	33.6
95.0	62.3	4.1	37.7
93.8	61.3	1.2	19.4
90.8	56.0	1.6	1.8
73.9	44.7	2.5	0.7
42.8	30.0	1.2	0.8
35.1	35.2	1.2	2.7
68.3	49.8	1.7	10.2
86.5	61.5	3.9	15.0
87.1	61.8	2.8	18.5
88.4	59.6	2.0	21.6
89.9	61.5	2.8	30.2

（出所）　韓国銀行「2017年支払手段別利用形態に関する調査結果」より作成。

（単位：件）

クレジット カード	チェック・ デビットカード	プリペイドカー ド・電子マネー	モバイルカード
10.7	5.3	0.3	0.9
10.6	5.4	0.2	0.8
10.7	5.2	0.3	0.9
8.5	9.8	0.9	1.7
14.4	5.2	0.2	1.9
14.4	5.2	0.1	1.0
11.8	4.8	0.1	0.1
7.4	3.6	0.2	0.0
3.8	1.8	0.1	0.0
2.5	3.5	0.0	0.2
7.7	4.7	0.2	0.6
11.0	5.2	0.4	0.7
12.4	5.8	0.5	0.8
13.9	5.8	0.2	1.1
13.1	6.0	0.2	1.6

（出所）　韓国銀行「2017年支払手段別利用形態に関する調査結果」より作成。

第9章　韓国の動き　257

図表6　支払手段別の平均利用金額

区　分		現　金	口座振替
全　体		24.3	20.0
性　別	男　性	23.6	21.6
	女　性	24.9	18.4
年齢別	20代	16.3	8.4
	30代	21.1	23.3
	40代	25.2	33.2
	50代	28.3	26.5
	60代	28.4	14.0
	70代以上	27.9	5.2
所得水準別	2千万ウォン未満	26.8	5.5
	2～3千万ウォン	24.3	11.6
	3～4千万ウォン	25.5	21.6
	4～5千万ウォン	23.5	18.6
	5～6千万ウォン	23.4	24.0
	6千万ウォン超	22.7	35.1

（出所）　韓国銀行「2017年支払手段別利用形態に関する調査結果」より作成。

も徐々に減少していることがわかる。

2．クレジットカード利用政策

　上記1．では韓国における現金利用の現状について確認した。代替手段として使われることが多いクレジットカードの利用はどのように推進されたのかを次に確認する。

(1)　韓国のキャッシュレス化（クレジットカード利用普及）の背景

　韓国においては、従前から個人番号制度が普及し、この住民

258　Ⅱ　支払手段の多様化と各国の動き

（単位：万ウォン）

クレジット カード	チェック・ デビットカード	プリペイドカー ド・電子マネー	モバイルカード
41.3	12.5	0.1	2.4
42.1	12.7	0.1	2.3
40.4	12.3	0.1	2.5
23.6	15.4	0.2	3.7
56.4	13.0	0.2	5.7
60.4	14.2	0.2	3.0
49.9	14.5	0.0	0.4
27.9	9.5	0.1	0.3
12.8	4.4	0.0	0.2
9.0	6.1	0.0	0.3
23.9	11.2	0.1	1.2
43.2	13.1	0.3	2.2
45.3	13.5	0.1	2.5
52.2	11.5	0.1	3.2
62.2	17.2	0.1	4.4

登録番号がクレジットカードにも紐付くことが基盤となってクレジットカードの利用が振興してきた。特に、1997年のアジア通貨危機を契機に政府によるカード推奨策が強力に講じられた。経済産業省の「キャッシュレス・ビジョン」では、「韓国におけるキャッシュレス化は、1997年の東南アジア通貨危機の影響を受け、その打開策として実店舗等の脱税防止や消費活性化を目的に、政府主導によるクレジットカード利用促進策を実施した結果が、その一因であると考えられる」、「政府が実施したクレジットカード利用促進策としては、主に以下の３つの取組みが挙げられる」とし、「年間クレジットカード利用額の20％の所得控除（上限30万円）、宝くじの権利付与（1,000円以上

図表7　現金保有規模

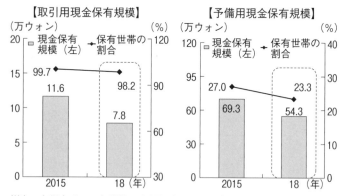

（注）　本調査は、3年単位の定例調査で、2015年以降2度目の実施。2018年10月22日～12月5日に実施。対象は、家計は全国の1人以上の世帯の世帯主1,100人であり、アンケートによる訪問調査。
（出所）　韓国銀行「2018年経済主体別現金使用形態の調査結果」より作成。

図表8　現金保有の減少理由　　　　　　　　　　　　　　　　（％）

現金保有の減少理由	割合
簡単送金サービスの開発等による現金携帯の必要性の減少	38.7
現金の盗難リスク等のコスト負担	24.3
預金金利の上昇による利子収益の魅力の増加	15.2
現金支出品目の減少	14.3
新たな投資手段（暗号資産）の登場等	7.4

（出所）　韓国銀行「2018年経済主体別現金使用形態の調査結果」より作成。

利用で毎月行われる当選金1億8千万円の宝くじ参加権の付与）、店舗でのクレジットカード取扱義務付け（年商240万円以上の店舗が対象[6]）」と言及されている[7]。そして、「これらの施策の結果、1999年から2002年にかけて、クレジットカード発行枚数は2.7倍、クレジットカード利用金額は6.9倍に急拡大した」と分析されている[8]。

このように、アジア通貨危機後の政府による強力な政策によって、クレジットカードの普及が加速したが、その直後には、与信が過剰となり社会問題化が生じたことから[9]、2002年には規制強化もとられた[10]。

その後も今日に至るまで、クレジットカード決済が増加しているわけであるが、その背景には、いくつか韓国特有の事情や国民性が指摘できると思われる。第一に、キャッシュレスの前段階として、北朝鮮テロ対策から個人番号が早くに普及してお

---

6 なお、「キャッシュレス・ビジョン」の脚注15（p.15）には、当初は対面サービス業を営む店舗のみが「年商240万円以上」の対象であり、その他の小売、飲食業等は「年商1,500万円以上」とされていたが、その後、年商の下限金額が徐々に引き下げられ、2008年からサービス業は全店舗、その他の小売、飲食店等は「年商240万円以上」の店舗が規制対象となっていると説明されている。

7 経済産業省「キャッシュレス・ビジョン」pp.14-15。

8 経済産業省「キャッシュレス・ビジョン」p.15。

9 株式会社NTTデータ経営研究所（2017）「クレジットカードデータ利用に係るAPI連携に関する検討会第七回検討会資料（予備資料）」のスライド8には、業界の過当競争や消費者の使い過ぎを招いたため、カード発行・利用に対する規制を強化し、与信判断の厳格化によって延滞率が増大した結果、カード会社の収益悪化に繋がる社会問題になったことが指摘されている。

10 韓（2009）pp.55-56。

第9章　韓国の動き　261

り、個人番号がデジタル化の基盤となり、クレジットカード振興につながったとされる。第二に、脱税防止と関連するが、地下経済を縮小して課税基盤を拡大するためにクレジットカードが振興され、この点はアジア通貨危機当時のIMFからの指導もあったものと思われる。第三に、政府のクレジットカード振興に合わせ、クレジットカード会社各社が競ってポイントなど特典の競争を激しく行ったとされる。第四に、韓国人は、北朝鮮リスクがあるためウォンを持つよりも、外貨や金で資産運用を行うことが多いとの見方や、自宅の資産価値が上がれば転売することによりまとまったお金を手にすることを期待しているために、あまり預金をしないとの見方があり、このような国民性があるとすれば、クレジットカードの与信機能の活用やキャッシュレス比率の高さと整合的である可能性がある。

(2) 税制・税務の動向

政府主導によるクレジットカード利用促進策の大きな目的の一つが脱税防止とされ、政策の柱の一つが税制上の優遇措置であった。もとより、これらは韓国に特有の動きであり、わが国の政策に関連付けて分析することは適切ではないが、税制・税務について記述しておく。

韓国がキャッシュレス化を進めた際の納税の仕組みを確認すると、クレジットカード取引の記録が国税庁にオンラインで常時提供される仕組みが取られているほか、クレジットカードが利用できない事業者の現金取引にも、小売店の専用端末を通じ

て現金領収証を発行し、国税庁にオンラインで情報が常時提出される仕組みも導入されており、これらを通じて、BtoC取引を行う小売業者の適正申告に大きく貢献した[11]。

　税制上の優遇措置について、当初は、クレジットカード決済額が年収の4分の1を超えた分に対し、その20％を300万ウォン（約30万円）を上限に所得から控除し、年末の源泉徴収時に還付する制度としてスタートした。この所得控除制度は、期限付きで導入されたが、これまで期限延長が繰り返されてきた。また、控除率は、当初の20％から2012年の税制改正で15％に引き下げられている。韓国政府はクレジットカードの所得控除は2019年3月に期限を迎える際、制度による減免総額が税収増を上回っており、キャッシュレス比率の向上とその政策効果は既に達成しているとして控除制度の停止を目指した[12]。しかし、税負担の軽減を理由に3年延長することが決定された[13]。なお、これまでのクレジットカード使用にかかる所得控除額は、2017年は18,537億ウォン（実績）であり、2018年は20,400億ウォン、2019年は21,716億ウォンをそれぞれ見込んでおり[14]、所得控除額が年々増えている。以上の所得控除制度の廃止か延

11　政府税制調査会（2017）「政府税制調査会海外報告（韓国）」（報告書）p.7。

12　企画財政部（2018a）"2018 REVISION FOCUSES ON REDISTRIBUTION AND SUSTAINABLE GROWTH" には、"Suspend the sunset of the income tax reduction for credit card payments by 1 year" と書かれている。

13　中央日報（2019年3月13日）。

14　企画財政部（2018b）「2019年度租税支出予算書」。

長かとの議論は、一旦制度を導入すると卒業が難しいことの教訓である、との指摘がある。

3．コインレス政策

韓国では、中央銀行である韓国銀行が「コインレス社会」に向けたアクション・プランを打ち出している。

⑴　韓国銀行による「コインレス社会」に向けた動き

韓国銀行は、2008年以降、国民のコインの使用習慣の改善とコインの再流通を通じてコイン製造コストを削減するため、コイン回収キャンペーンとして「汎国民コイン交換運動」を全国銀行連合会などと共に実施している[15]。2016年に韓国銀行は、"Action Plan for 'Coinless Society'" を公表した[16]。このアクション・プランは、一般市民の利便性を高め、社会的コストを削減することを目的としており、コイン流通量を減らすがコインの完全排除はしないと書かれている。このアクション・プランには記されていないが、大きな動機の一つとして、コインは原料の金属の価格の上昇により年によっては製造原価が貨幣価値を上回ってしまうという事情がある。

2017年には、韓国銀行はおつりをプリペイドカードに戻すパイロットプログラムを実施している。既存のプリペイドカード

15　韓国銀行（2018b）「2018年度「汎国民コイン交換運動」実施」。
16　韓国銀行（2016）"Action Plan for 'Coinless Society'"。

264　Ⅱ　支払手段の多様化と各国の動き

端末を利用することで、システム構築コストが小さく、既存の支払い方法と似ているため小売業者や消費者に定着しやすいことが期待されている。

さらに、2018年から2020年までは、より多くのサービス提供者を惹きつけ、コインを回収する手段を多様化させることによって、サービス範囲を拡大することが予定されている。この期待効果として、①公共利便性の向上：店舗は十分な釣銭の用意から解放され、消費者は硬貨の持ち運びから解放される、②社会的コストの削減：流通するコインが減少することにより管理コストが削減される、③新しいデジタル決済サービスの推進支援：事業者との協力強化を通じて技術的進歩と共に関連サービスが促進される、ことが指摘されている[17]。

(2)　通貨の現状

こうした韓国銀行が行ったコインレスの状況を確認するため、紙幣（ノート）及び硬貨（コイン）の動きを確認していく。

①　紙幣の動き —— 2009年に5万ウォンの高額紙幣を新たに発行

まず、図表9にあるように、紙幣全体の流通高は伸びている。2009年6月23日に韓国銀行は新たに5万ウォン紙幣の流通が開始した[18]。5万ウォン紙幣が発行されて以降、1万ウォン紙幣は5万ウォン紙幣に代替され減少している（図表9）。一

17　韓国銀行（2016）"Action Plan for 'Coinless Society'"。
18　韓国銀行（2009）"Launch Date for 50,000-won Banknotes"。

第9章　韓国の動き　265

方、5千ウォン紙幣、1千ウォン紙幣は増加している（図表10）。

　韓国銀行が5万ウォンを新たに高額紙幣として発行を決めた理由は、1973年以降、最高額面紙幣は1万ウォンであったが、2007年時点では1973年と比較して物価が12倍、国民所得は150倍（一人当たりの国民所得は110倍）以上にまで伸び、経済事情が大きく変化したためと説明されている[19]。また、韓国銀行は、高額紙幣がないことの社会的コストとして、①小切手が替わりに用いられていることにより、小切手事故や小切手処理に伴う社会的コストが発生していること、②多額の紙幣を保持しなければならないことから不便さが生じ、時間が浪費されていること、を挙げ、最高額面を引き上げることで、経済的非効率と使用の不便さを解消することが必要であると説明している[20]。

②　硬貨の動き

　次に硬貨をみると、増加を続けているが、2008年の汎国民コイン交換運動開始後に50ウォン硬貨は伸びが緩やかになり、2017年のパイロットプログラム実施後は、いずれの硬貨も伸びが鈍化し横這いに近づいている（図表11、図表12）。

　2008〜2017年の「汎国民コイン交換運動」を通じて、計28億個（3,808億ウォン）、年平均2.8億個のコインを回収しており、

19　韓国銀行（2007）「高額紙幣の発行計画」。
20　韓国銀行（2007）「高額紙幣の発行計画」。

図表 9　現金流通高（紙幣：5万ウォン、1万ウォン）

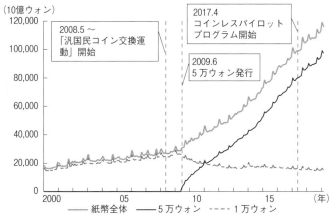

（出所）　韓国銀行の統計データより作成。

図表10　現金流通高（紙幣：5千ウォン、1千ウォン）

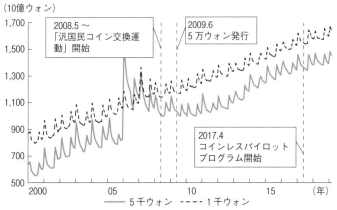

（出所）　韓国銀行の統計データより作成。

図表11 現金流通高（硬貨：500ウォン、100ウォン）

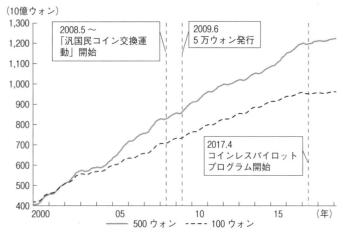

(出所) 韓国銀行の統計データより作成。

図表12 現金流通高（硬貨：50ウォン、10ウォン）

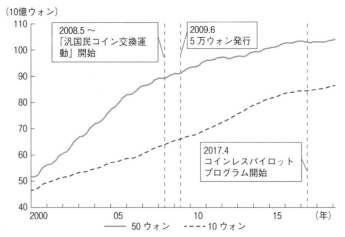

(出所) 韓国銀行の統計データより作成。

これを新たに製造する場合は年平均284億ウォンがかかると試算している[21]。コインの総枚数は2019年2月時点で約228億個である。

なお、韓国の硬貨の発行単価はわが国と比べはるかに小額であり、もとより上記のとおり韓国特有の事情により、コインレス政策が実施されていることに留意が必要である。

4．ゼロペイの動き

2018年12月20日から、モバイル決済サービス「小商工人簡単決済システム」、通称「ゼロペイ」がソウル市などで試験的に開始された。ゼロペイは、政府が主導している決済中間段階がない小商工業者を対象とした簡単決済であり、小売業者が負担する利用料負担を「画期的に軽減」することを目指して導入されたものである[22]。ゼロペイの使い方は、スマートフォンのアプリを開いてQRコードを読み取るという決済方式となっている。ソウル市と4つの広域自治体（釜山市、仁川市、全羅南道、

21　韓国銀行（2018b）「2018年度「汎国民コイン交換運動」実施」。
22　経済関係長官会議の「低所得層の雇用・所得支援対策」（2018年7月18日）に、零細自営業者支援策として、小商工業者専用の決済システムを構築し、決済手数料の負担を0％台前半に緩和することや40％の所得控除をサポートすることが記載されている。その後、中小ベンチャー企業部が小商工業者の簡単決済（ゼロペイ）を本格推進するに当たり、①3大原則：全ての銀行・簡単決済アプリでの利用、共通のQRコードを活用、決済手数料ゼロ及び利用金額の所得控除、②官民合同TFを構成し年内のテスト運用を推進、③自治体と円滑な協業のためソウル市とMOU（覚書）の締結を公表した（2018年7月25日付）。

第9章　韓国の動き　269

慶尚南道）で2020年までに導入することとされ、いずれ全国展開を目指す動きとなっている。

ゼロペイは、事業者が負担する手数料は最低0％まで引き下げるとともに、消費者は年収の4分の1を超えるゼロペイ決済額の40％の所得控除を受けられる仕組みとなっている。前述したように、クレジットカード決済の所得控除が、導入時に20％、引下げ後15％になっているのと比較すると、所得控除率が高くなっている。なお、控除額の上限は、クレジットカード決済もゼロペイ決済も同じ約30万円となっている。

そもそもゼロペイについては、高コスト構造を持つクレジットカードではなく、中間事業者が存在しないアプリベースの決済システムを導入し、口座ベースの決済サービスの活性化を推進する必要がある、との考えがある[23]。また、小商工人簡単決済システム（ゼロペイ）の導入によって、小商工人の手数料を0％台に下げる努力がなされているが、クレジットカード使用が普及している現実を考慮して、ゼロペイはクレジットカードよりも高い所得控除にすることでインセンティブを付与し、ゼロペイの使用活性化をサポートしようとしている[24]。

既述のとおり、韓国においてクレジットカードが飛躍的に普及し、プリペイドカードも一定程度使用され、フィンテックが

---

[23] 「小商工人の保護及び支援に関する法律の一部改正法律案」（「소상공인 보호 및 지원에 관한 법률 일부개정법률안」）（2018年11月9日付、産業通商資源中小ベンチャー企業委員会にてキム・ソンファン議員代表発議（김성환의원 대표발의））。

提供する決済手段の多様化が進展している。こうした状況の下、ゼロペイがこれらに代わって普及していくのか、今後の本格実施後の推移を注視していく必要があろう。

5．ま と め

　韓国は、①政府がアジア通貨危機からの打開策としてクレジットカードの普及を政策的に主導した結果、キャッシュレス比率が高くなっていること、②国と地方公共団体による新たな政策であるQRコードを用いたゼロペイが導入されたこと、からもうかがえるように、政府が主導してキャッシュレス化が進んできた。他方で、韓国でキャッシュレスが普及した背景には、地政学的なリスクへの備えとも関連していることから、こうした固有の事情を含めて、韓国のキャッシュレス化の動きをみていく必要がある。

【参考文献】
株式会社NTTデータ経営研究所（2017）「クレジットカードデータ利用に係るAPI連携に関する検討会第七回検討会資料（予備資料）」。
韓国銀行（2007）「高額紙幣の発行計画」（「고액권 발행계획」）（2007

---

24 「租税特例制限法の一部改正法律案」（「조세특례제한법 일부개정법률안」）（2019年3月7日、企画財政委員会にてイウォンウク議員代表発議（이원욱의원 대표발의））。

第9章　韓国の動き　271

年 5 月 2 日付プレスリリース）。

韓国銀行（2009）"Launch Date for 50,000-won Banknotes"（2009
年 5 月22日付プレスリリース）。

韓国銀行（2016）"Action Plan for 'Coinless Society'"。

韓国銀行（2018a）「2017年支払手段別利用形態に関する調査結果」
（「2017년 지급수단 이용행태 조사결과」）（2018年 3 月）。

韓国銀行（2018b）「2018年度「汎国民コイン交換運動」実施」
（「2018년도「범국민 동전교환운동」실시」）（2018年 4 月24日付
プレスリリース）。

韓国銀行（2019）「2018年経済主体別現金使用形態に関する調査結
果」（「2018년 경제주체별 현금사용행태 조사 결과」）。

韓尚均（2009）「韓国における金融危機以降の信用不良者の増加原
因」『地域総合研究』第36巻、第 1 ・ 2 号合併号（2009年）。

企画財政部（2018a）"2018 REVISION FOCUSES ON REDISTRIBUTION
AND SUSTAINABLE GROWTH"（2018年 7 月30日付プレス
リリース）。

企画財政部（2018b）「2019年度租税支出予算書」（「2019년도 조세
지출예산서」）。

経済関係長官会議（2018）「低所得層の雇用・所得支援対策」（「저
소득층 일자리・소득지원 대책」）（2018年 7 月18日）。

経済産業省（2018）「キャッシュレス・ビジョン」。

政府税制調査会（2017）「政府税制調査会海外報告（韓国）」（報告
書）。

中小ベンチャー企業部（2018）「小商工人簡単決済（ゼロペイ）導
入 本格的に推進」（「소상공인 간편결제（제로페이）도입 본격
추진」）（2018年 7 月25日付プレスリリース）。

III

デジタル化が進む中での
イノベーションの動き

第10章

シンガポールにおける
デジタル化の進展

笠原　基和[1]

1　前金融庁総務企画局企画課信用制度参事官室課長補佐（在シンガポール日本国大使館一等書記官）

要　旨

　モバイル端末、ソーシャルメディアの普及や、デジタル・プラットフォーム等を通じた商品・サービスの利用など、いわゆるデジタル社会の進展は近年めまぐるしいものがある。こうした中、多くの国は、こうした潮流に乗り遅れまいと、自国の法制度、インフラ等の見直しを進め、サービス提供主体である私企業は、日々、利便性の高いサービス提供に向けたイノベーションを加速させている。

　シンガポールは、キャッシュレス決済をはじめとして官民挙げたデジタル化への対応が奏功しつつある国の１つであり、その取組みを把握することは、日本にとっても一定の意義があるとみられる。

1．デジタル・イノベーションを 進めるシンガポール

(1)　国を挙げた振興の始まり（Smart Nation構想）

　シンガポールのデジタル・イノベーション振興の嚆矢として は、2014年8月、リー・シェンロン首相がナショナルデー・ラ リー（施政方針演説）におけるキーワードの1つとして掲げた Smart Nation（スマート国家）構想が挙げられる。

　同構想は、IoTやICTなどデジタル技術を戦略的に活用する ことで、国民生活の利便性向上や経済の発展を図ろうとする国 家戦略である。シンガポールは、政府全体でこの取組みを推進 すべく、首相府直下にSmart Nation Programme Office （SNPO）[2]を立ち上げ、Smart Nationの実現に向け、「デジタル 経済」、「デジタル政府」、「デジタル社会」をキーワードに、多 角的な視点から様々な取組みを推し進めている。中でも、デジ タル・技術の普及・活用を国内全土で推進していく上で重要と なる6つの分野を特定し、これらを戦略的国家プロジェクトと して推し進めている。

2　2017年5月より、Smart Nation Programme Office（SNPO）に財務 省のDigital Government Directorate及び情報通信省のGovernment Technology Policy departmentを統合し、発展的後継組織として、 Smart Nation and Digital Government Office（SNDGO）が立ち上げら れている。

第10章　シンガポールにおけるデジタル化の進展　277

Smart Nation構想における戦略的国家プロジェクト6分野の概要は、それぞれ以下のとおりである。

(a) E-Payment：相互運用可能な国内電子決済インフラを提供、簡易・迅速・シームレスかつ安全な電子決済取引を促進する（後記3．にて詳述）。

(b) National Digital Identity：国民が政府による行政手続や銀行等の民間事業者との取引をデジタル空間上で実施可能とするデジタル身分証システムを2020年までに導入する[3]。

(c) Smart Nation Sensor Platform：監視カメラやセンサーを多数設置し、人や車等の交通、気象、都市インフラの状況等の各種データを収集、便利で安全な公共サービスの提供を図る。

(d) Moment of Life：国民の人生の各段階において必要となり得る政府による様々なサービス・情報を単一のプラットフォームを通じ、かつ個々人にカスタマイズされた形で提供する[4]。

(e) Smart Urban Mobility：自動走行車やAIなどのデジタル

---

[3] 既に、政府提供サービスに関しては、2003年より、これまで提供サービスごとに異なっていた個人認証番号を統一し、全ての政府サイトで共通して利用可能なSingpass（Singapore Personal Access）と呼ばれる個人認証番号を導入している。

[4] 2018年6月末、政府はオンラインでの出生登録機能等を実装する"Moment of Life（Families）"と称するアプリケーションをリリースしている。3ヶ月の間に、10,000回を超えるダウンロードが行われ、既に500人を超える保護者が同アプリケーションのオンライン出生登録機能を活用し、出生登録を行っている。このほか、子供の予防接種記録や近隣の保育施設情報へのアクセス機能などが実装されている。

技術を活用し、都市交通機能の改善を図る[5]。

(f) CODEX（Core Operations Development Environment and eXchange）：政府がより優れたデジタルサービスをより迅速・効率良く国民に提供できるデジタル・プラットフォームを構築する[6]。

(2) 新たな成長戦略とデジタル技術の活用

シンガポールは2011年頃まで、他の先進諸国と比しても驚異的な高成長を記録していた。しかしながら、2012年以降、経済成長は鈍化し、足下2018年に掛けての5年間の平均実質成長率は＋3.3％で、2011年以前の過去5年間の半分近くの水準に留まっている。

シンガポールは、僅少な国土、資源であるが故に、第一次産業（農林水産業）は殆ど存在せず、エレクトロニクスに代表される電子機器や医薬品などの化学製品などのいわゆる高度製造業に加え、金融サービス、貿易・物流サービスなどのサービス

5　公共交通機関利用に際して用いられる交通カードから得られたデータ解析を通じた通勤時のホットスポットの特定や、バス車両に設置されたセンサーから得られる位置データ等を活用した交通計画の改善などを行う。このほか、交通システムの効率化や高齢者・障害者の移動手段の拡大等を念頭に公共交通機関への自動走行車の導入可能性を模索（2015年7月には、自動走行車による初の公道実走実験が行われている）するなどの取組み。

6　政府機関間で共通のデータ基準・フォーマットに基づくシームレスなデータ共有を可能とするほか、機密性の低い政府システム、データを商用クラウドに体系的に移行し、最先端の民間部門機能を使用してデジタルサービスを開発することなどを念頭に置いている。

第10章　シンガポールにおけるデジタル化の進展　279

業の輸出が経済を支えてきた[7]。ところが、2010年頃を境に最大の貿易相手国である中国の経済成長の鈍化や、石油などの資源価格の低迷を契機に、外需依存型のシンガポール経済全体が下押し圧力を受けるに至っている。国内の状況をみても、これまでの経済成長を支えてきた外国人労働者の流入抑制の必要性[8]や進展する少子高齢化の影響に伴う労働力投入の伸び悩みも相俟って、長期的な低成長時代（経済成熟期との見方もあり得る）の到来が予期されている。

こうした状況に鑑み、2016年2月、シンガポール政府は、官学民からなる政府の諮問委員会である未来経済委員会（Committee on the Future Economy）における議論を経て、今後10年先を見据えた経済戦略を策定・公表した。

同経済戦略には、外部経済環境や労働投入の伸び悩む中においても、急速なイノベーション・技術革新の進展に対応し、経済全体の生産性を高め、経済成長を維持・強化していくことが極めて重要であるとの問題意識が強く滲み出ており、これに対応し得る国民のスキル向上や企業のイノベーション振興、デジタル技術の強化などを押し進め、全ての産業分野でデジタル化

7　シンガポール経済は、GDPの約2割強を製造業、約7割弱をサービス業が占める構造となっている。

8　これまでシンガポールは外国人労働者を技術者、家政婦、建設労働者など、あらゆる分野で積極的に受け入れることで、所得水準が上昇する中でも製造業をはじめそれなりの規模を保ちながら経済成長を続けることができていた。他方、その結果として、住宅価格の高騰や交通機関の混雑等をもたらしているとして、国民の反発を招いた経緯があり、現在では、外国人労働者の流入を一定程度抑制する政策的方向にある。

を促し、デジタル経済のもたらす経済機会を活用していく方針である[9]。

換言すれば、国土、資源、労働力の限られたシンガポールにおいては、デジタル技術をいち早く取込み、生産性の向上を図っていくことが、将来に向け持続的な成長を続けていく数少ない有効な方策であり、かつ喫緊の課題であることがうかがわれる。

2．FinTechハブを目指すシンガポール

(1) 政府による振興

① デジタル化の鍵となるFinTech

2014年に表明されたSmart Nation構想、更には、2016年に公表された経済戦略等を背景に、各分野において、デジタル技術の取込みに向けた施策が引き続き推し進められているが、シンガポールのデジタル・イノベーションの進展を語る上で、切っても切り離せないのが "FinTech" である。

"FinTech" は、金融（Finance）と、技術を意味するテクノ

9　経済戦略は次の7つの戦略で構成されている。a）国際的関係の深化と多様化、b）優れた技術の習得と活用、c）イノベーションと事業拡大に向けた企業の能力強化、d）優れたデジタル技術活用力の育成、e）活力とビジネス機会に溢れたハブ都市の開発、f）産業構造改革計画の策定と実行、g）成長とイノベーションを実現するための官民等の相互協力関係の構築。

第10章　シンガポールにおけるデジタル化の進展　281

ロジー（Technology）を組み合わせた造語であり、厳密に定義できる用語ではないが、一般には、ICTなどのデジタル・テクノロジーを駆使したイノベーティブな金融商品・サービス、といった意味合いで用いられることが多い。

いわゆるFinTechにおける代表的な技術は、スマートフォンを用いた決済サービス、AI（人工知能）等を用いた個人の資産管理・投資運用、ブロックチェーン技術（分散型台帳技術）を活用した仮想通貨取引に至るまで、幅広いものが存在するが、これらいずれにも共通して言えることは、デジタル・テクノロジーの発展を取り込むことで、従来の金融サービスの非効率性を解消しつつ、その付加価値を向上させる、ひいては国民生活の利便性を向上させることにあり、かつ、それがFinTechの本質的意義の1つであることも疑いようはないであろう。

こうしたFinTechの振興は、今やグローバルな潮流とも言えるが、Smart Nation構想を掲げるシンガポールにおいても重要な位置付けを有している。リー・シェンロン首相によるSmart Nation構想表明の翌年（2015年）、シンガポール金融当局であるMAS（Monetary Authority of Singapore）のラビ・メノン長官は、*"The Geeks shall inherit the Earth"*（オタクが世界を我が物とするだろう）とシリコンバレーで有名なフレーズをテーマに題した自身の講演にて、Smart Nation構想の実現には、Smart Financial Centerの実現が必要不可欠であるとして、その実現の鍵となるFinTechの推進に向けたMASのイニシアティブを表明している。

② イニシアティブを担うMASの取組み

以下では、FinTech振興に向けたイニシアティブを担うMASによる取組みを概説する。

2015年、MASは、Smart Nationに向けた金融分野における取組みを加速すべく、同年8月、FinTechの規制立案・推進を一元的に担うFinancial Technology & Innovation Group（FTIG）をMAS組織内に設立し、FinTech推進のための体制整備を図っている。

FTIGは、分野別にTechnology Innovation Lab（最先端技術の活用のための金融業界・関連組織との連携）、Payment & Technology Solutions Office（決済その他技術的なソリューションに関する規制・戦略の策定）、Technology Infrastructure Office（テクノロジーインフラの整備に関する規制・戦略の策定）の3部門で構成される。加えて、FinTech関係の政府機関をまとめ、FinTech関連ビジネス支援・資金提供スキームをワンストップ窓口でコーディネートするFinTech Officeを立ち上げるなどの体制整備も併せて行っている。

こうした体制のもとで実施されているMASのFinTech推進のための施策を概観すると、大きく、a）FinTechに関する研究開発等に対する助成金、b）規制監督面でのデジタル・テクノロジーの活用、c）研究機関等と連携したデジタル教育の推進、d）FinTechエコシステムの構築の4つにカテゴライズできる。

上記a）は、Financial Sector Technology & Innovation

（FSTI）スキームと呼ばれるFinTech育成のための助成金スキームである。イノベーションセンター（金融機関の研究開発・ラボ設立の誘致）、金融機関レベルのプロジェクト（革新的ソリューション開発の支援）、産業レベルのプロジェクト（新サービス提供に必要な産業レベルでのインフラ構築の支援）に対し、5年で総額2.25億Sドル（約170億円）を支援することとされている。

上記b）は、複雑化・相互関連性を増す金融システムをより包括的・タイムリー・正確に監督し得るテクノロジーの構築（共通データ基準の使用や、自動化による規制報告コスト削減など）を意図するものである。近時では、金融機関との間でサイバーセキュリティに関する情報を共有する「金融サービス情報共有分析センター（FS-ISAC）」のアジア太平洋オフィス（Asia Pacific Regional Analysis Centre）をシンガポールに立ち上げるなどイニシアティブを発揮している。

上記c）は、テクノロジー分野における技術・能力の育成のため、金融分野におけるテクノロジーをベースとした教育やキャリア支援（金融機関、研修機関、大学等と連携協力）を行うものである。例えば、FinTech人材育成のための施策として、2016年9月、MASは、国内のポリテクニック（国立技術高等専門学校）全5校との間で、FinTech人材育成のためのMOU（Memorandum of Understanding）を締結し、金融、IT関連コースを履修する5校の学生を対象にしたカリキュラムを見直し、金融業界の需要に即した最新技術の開発、専門家育成を促すな

どの取組みを進めることとしている。

　上記ｄ）のエコシステム構築については、2016年より毎年11月にABS（シンガポール銀行協会）と共催で実施するFinTech Festivalが、その最たる例として挙げられる。同Festivalは、金融機関やFinTechスタートアップ企業が自社のFinTech研究施設を一般公開し、自社の取組みを紹介するほか、FinTechを切り口としたカンファレンスや、スタートアップが自社の技術・製品を出展する展示会なども開催され、今や100ヵ国を超える国・地域から数万人が参加するFinTechに特化した大型ネットワーキング・イベントとなっている。

　なお、FinTech Festivalにおける各事業者の研究施設の公開などの取組みに関し、日本では一般にライバル事業者同士がいわば手の内を晒すという試みはあまり見受けられないようにうかがわれるが、シンガポールでは、FinTech界隈の企業間の垣根が低く、むしろ、互いの研究施設をオープンにして互いの"Good point"を吸収し合うという点にメリットを感じる風潮が強いように見受けられる。

　また、MASは、2016年の第１回FinTech Festival期間中に開催されたカンファレンスにおいて、"Project Ubin"と呼ばれるブロックチェーン技術を用いた実証実験プロジェクトの開始を発表している[10]。注目すべきは、同プロジェクトを当局であるMAS自らが主導する形で、国内外金融機関、FinTech企業等の関係者からなるコンソーシアムを形成し、イノベーション推進の旗振り役を担っていた点にある。こうしたMASの姿勢

第10章　シンガポールにおけるデジタル化の進展　285

について、シンガポールのFinTech関係者からは、「シンガポールは、米国シリコンバレーのように新たな技術、イノベーションを次々に生み出すというよりむしろ、新たに出てきた技術を活用し、これを如何に実用化するかといった能力に優れている。その背景には、MASがコンセプト、技術に可能性を見出せば、当局である彼らの方から、実用化に向けた実証実験を後押ししようと積極的なアクションがあり、FinTechのビジネス展開を政府として後押する姿勢が非常に強い点が挙げられる。」と評する意見を耳にするところである。

(2) FinTechの現状

政府による支援も相まって、今やシンガポールは東南アジアでも最大のFinTech大国となっている。足下、シンガポールに本拠を置くFinTech企業数は約500社近くにもおよび、他のASEAN諸国に比べ多くの企業が集積している。政府による各種振興策に加え、シンガポールの優れたグローバルコネクティビティの他、人材、研究機関の集積、コ・ワーキングスペース

---

10 ブロックチェーン技術を活用し、利用者が長い処理時間、高額な手数料、仲介者を必要とせずに直接送金できるシステムの開発を目指すもの。2016年の段階では、中央銀行が発行するシンガポールドル相当の国内の銀行間取引の実証実験を行うため、11の金融機関、5のFinTech企業からなるコンソーシアムを立上げた。最終的には、デジタル中央銀行から発行するトークンをベースとしたよりシンプルで効率的なシステムの開発を目指している。2019年5月には、カナダ銀行（中央銀行）と中央銀行デジタル通貨を使ったクロスボーダー決済の実証実験にも成功している。

などのインフラ環境など、イノベーティブな新ビジネスを成長させる上で、シンガポールは、理想的な場所と捉えられていることが背景にある。

ベンチャー・キャピタル等によるFinTech企業への出資も着実に増加しており、FinTech企業の資金調達額は、2018年、当初10ヶ月で約2.2億米ドルを記録するなど、ASEAN各国の中でも突出している。Enterprise Singapore（シンガポール企業庁）によれば、シンガポールの地場のスタートアップ[11]の数は40,000を超えるとも言われるが、このうち4社（Grab、Sea、Lazada、Razer）は、大規模な資金調達、事業展開に成功し、今や企業総評価額10億米ドルを超えるいわゆるユニコーンにまで成長している。

これらのスタートアップが、政府機関や多国籍企業とインキュベーションやベンチャー活動で協働する機会も多く存在しており、イノベーションラボと呼ばれる大手多国籍企業などによるFinTech専門の研究施設やアクセラレーターの数も52カ所（2017年11月時点）に及ぶ。例えば、IBM、Accentureといった企業の他、HSBCやMetlifeなどの金融機関もシンガポールにイノベーションラボを設置している。

シンガポールのFinTech企業が対象とする事業分野は、幅広く多岐に渡っているが、中でも、投資プラットフォームや決

11　スタートアップの定義は様々なものが存在するが、SPRING（規格・生産性・革新庁）の定義では、設立5年以内の社員1人以上の企業で、株式の50%以上を個人が保有する事業体とされている。

図表1　ASEANのFinTech企業数

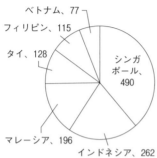

（出所）　EY, "ASEAN FinTech Census 2018" より作成、2018年12月9日時点。

図表2　ASEANのイノベーションラボ、アクセラレーターの数

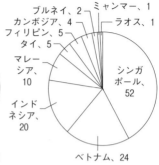

（出所）　UOB, "State of FinTech in ASEAN"（Nov, 2017公表）より作成。

図表3　ASEANのFinTech企業の資金調達額

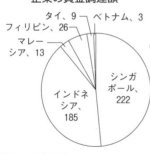

（注）　数値単位はMilion USD（2018年1月～10月）。
（出所）　UOB, "FinTech in ASEAN The Next Wave of Growth" より作成。

図表4　シンガポールFinTech企業の分野別分類

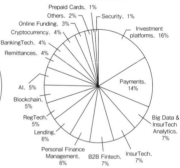

（出所）　Ratice80ウェブサイト。Marvelstorn Group が SFA（Singapore Fintech Association）の FinTech 企業のオンラインディレクトリ掲載の326のFinTech企業を対象に調査したデータ（2017年7月時点）より作成。

済、ビッグデータといった分野が比較的存在感を有している。

(3) 個別企業の事例

① Grab

Grabは、シンガポールを本拠[12]とする配車サービス事業者である。先に述べたシンガポールを代表するユニコーン企業の1つである同社の配車アプリの利用者は1億人を超え、東南アジアにおいて圧倒的シェアを有している[13]。同社の事業は配車サービスに限らず、FinTech企業としての側面も有しており、配車アプリ利用者向けのモバイル・ウォレット「GrabPay」をはじめ、FinTech分野にも幅広く展開している。Grabアプリでは、配車サービスに加え、2018年から開始したフード・デリバリー・サービスも提供されるが、これらのサービスはいずれもGrabPayの機能を用いてキャッシュレスで利用できるほか、QRコードによる各種支払い、QRコードを用いたP2Pの送金機能も実装されている。

また、Grabは、人口の4分の3、約4億人にも及ぶ消費者が銀行口座を有していないとされる東南アジアにおいて、こうした層への金融サービスのリーチを広げる取組みにも注力している。例えば、2018年10月には、米クレジットカード大手マスターカードと連携し、東南アジアで電子決済可能なプリペイド

---

12 設立自体はマレーシアにて行われている（2012年）。
13 2019年現在、シンガポール、マレーシア、インドネシア、タイ、ベトナム、フィリピン、ミャンマー、カンボジアの8ヵ国で展開している。

カードの発行（GrabPayの加盟店を通じてプリペイドカードにチャージすることで、マスターカード加盟店舗等での決済に利用可能）を公表している。最近の取組みとしては、2019年1月、中国のインターネット保険会社（衆案在線財産保険）と提携し、Grabアプリを介して東南アジアの生活様式にあった保険商品を販売、保険料もGrabアプリを介して自動的に支払いを可能とするデジタル・保険市場の創設を目指す旨、公表している。

このほか、金融機関との連携も進めており、2019年1月、地場大手UOB銀行との間でクレジットカード発行に関する提携を公表し、Grabの配車アプリから直接、あるいは配車車両内に提示されたQRコードを読み取ることで、同行のクレジットカードの申込を可能とするサービスなども展開することとしている。

いずれの取り組みも、生活ツールとして普及するGrabアプリのモバイル決済プラットフォームとしての機能を最大限活用し、従来の金融サービスがリーチしてこなかった層も射程に、デジタル化時代の新たな金融サービスの展開を行っている例と言えよう。

② DBS銀行

いわゆる伝統的金融機関も、イノベーションを加速させるFinTech企業との競争ではなく協働へと舵を切り、積極的にFinTechを活用・導入する動きを活発化させている。例えば、シンガポール3大銀行の1つ、資産規模国内首位のDBS銀行

は、金融専門誌ユーロマネーの "World's best digital bank" の称号を2016年、2018年と２度にわたり受賞するなど、CEO自らが、「22,000人のスタートアップになる」と称しながら、先駆けてデジタル化を推し進めてきた金融機関である。

　最近の例を挙げれば、2016年11月には、FinTechハブ施設として、「DBS Asia X（DAX）」を設立し、他のFinTechスタートアップとの連携の機会を高め、また、AI、クラウドコンピューティング、ビッグデータなど様々なテクノロジー分野の優秀な人材発掘を目的に、"Hack 2 Hire" と題する大規模なハッカソン（2017年より開始）を継続的に実施するなど新たなイノベーションの取込みに向けた取組みを積極的に行っている。2017年８月には、向こう５年間の国内従業員１万人に対するデジタルスキル向上プログラムに2,000万Sドル（約16億円）を拠出するなど、自らのデジタルスキル向上にも力を入れている。

　デジタル化に着目した事業展開について例を挙げれば、2016年のインドにおけるスマートフォン専用のデジタルバンクサービスの展開が挙げられる。インド国内の提携カフェで本人確認等の手続きを経れば、その場で口座開設が完了し、送金や残高照会等の銀行サービスが受けられるというもので、導入後18ヶ月で約150万口座の獲得に成功している。2017年にはインドネシアでも同様の取組みを展開している。また、シンガポール国内では、2018年５月に、モバイル端末アプリ等を通じて、収入・支出を自動分類、予算管理を行い、その分析に基づき助言を行うフィナンシャルアドバイザー機能（"Your Financial

GPS") の提供を開始している。

これらの取組みからは、近年のモバイル端末、ソーシャルメディアの普及や、それに伴う消費者の生活スタイルの変化に合わせ、銀行サービスも、店舗やATMを介した従来型のサービス提供からの脱却、デジタル化への移行を進めていることがうかがわれる。

3．キャッシュレスの進展に向けた取組み

(1) シンガポールにおけるキャッシュレス化の進展

電子決済（E-Payment）を用いたキャッシュレスの推進は、Smart Nation構想のもと、デジタル化を進めるシンガポールが最も力を入れている分野の1つである。

BISの2017年のレポートによれば、シンガポールは、最も"Cashless payment-intensive" な国の1つと評されている。MASのボードメンバーであるオン・イエクン教育大臣の講演（2018年6月）によれば、今や、電子決済の利用経験は、シンガポールの消費者10人のうち8人強、商店では60％近くに達しているとのことである。また、電子決済の利用増に伴い現金・小切手の利用も減少している。ATMを利用した現金引出し額は毎年3億Sドルずつ減少しており、2015年のATMでの現金引出し額は電子決済による取引額の約60％であったが、2017年末時点では40％にまで減少している。政府は2020年までにこれを

更に20％にまで引き下げることを目指している。小切手の取扱いについては、2015年の37％から2017年には28％にまで減少しており、政府は2025年にはこれをゼロにするとの目標を掲げる。

　同講演において、オン・イエクン大臣は、電子決済の推進の目的について、「キャッシュレス社会を強制することではなく、あくまで全ての人が電子決済の利便性と効率性を享受し得る社会を構築することにある」としており、「今後、電子決済の利便性と信頼が一定の水準に達すれば、利用者は一気に広がるだろう」と語っている。

①　シンガポールにおけるキャッシュレス・ツールのトレンド

　シンガポールの15歳以上の人口に占める銀行口座保有者割合（2018年）は98％、デビットカードの保有率は90％を超え（クレジットカードの保有率は49％）、極めて高い水準で銀行サービスが普及しており[14]、銀行が発行するATMカードには、通常、VISAやMasterのデビット機能がデフォルトとして付与されているため、キャッシュレス決済の手段として、デビットカード等を用いた非接触型店頭決済が中心的に普及している。

　また、近年東南アジアでは、銀行口座を持たずとも利用できるモバイル決済（スマートフォンのアプリに財布機能を搭載した

---

[14]　世界銀行「金融包摂データベース（グローバル・フィンデックス）」報告書（2017年版）。同調査は140以上の国・地域の15万人以上を対象に、11年から3年ごとに実施されている。

第10章　シンガポールにおけるデジタル化の進展　293

[参考]　東南アジア主要6ヵ国におけるモバイル決済普及率

順位	国	普及率（2019年）（％）	前年比（％）
1	タイ	67	+19
2	ベトナム	61	+24
3	インドネシア	47	+ 9
4	シンガポール	46	+12
5	フィリピン	45	+14
6	マレーシア	40	+17

（出所）　PwC「Global Consumer Insights Survey 2019」

デジタル・ウォレット機能を用いた決済）が急速に普及している。シンガポールも同様、モバイル決済の普及率は46％（2019年）と高い水準にあるものの、急速にその普及が拡大する他の東南アジア諸国に比べると、キャッシュレス決済の手段として、カード決済を上回るほどのメインストリームに至っているとまでは言えない状況である。

　なお、シンガポールにおけるモバイル決済ツールは、2014年頃より、3大地場銀行（DBS、UOB、OCBC）を中心に、多くの銀行がサービス提供を開始し、携帯電話番号入力による送金やQRコード決済などが可能となっている。銀行以外にも、大手通信会社や配車サービス大手のGrabなど等をはじめ多くの企業が同様のモバイル決済サービスを提供しており、確認できる範囲でも40以上のモバイル決済サービスが乱立する状況にある（こうした状況は、後述する国内統一QRコードの確立を政府が

後押しする一因ともなっている）。

② 電子決済普及に向けたこれまでの歩み

"*In Singapore, we too have e-payments, but we have too many different schemes and systems that do not talk to one another.*"

これは、2017年のナショナル・デーラリー（施政方針演説）で、Smart Nationを目指し、更なるキャッシュレス環境の構築促進を国民に訴求する一幕において、リー・シェンロン首相が述べたフレーズで、シンガポールの2017年当時の現状を端的に表現している。

シンガポールのキャッシュレス環境は、2017年前後では、大きく異なっている。以下では、電子決済環境のこれまでの歩みとともに、2017年以降のフェーズ転換について概説する。

A）インターバンク決済の実現（1984年）〜FAST（即時送金）システムの確立（2014年）

シンガポールの電子決済の歩みは、80年代の「インターバンク決済の実現」から始まる。1984年にGIRO（General Interbank Recurring Order）が導入され、公共料金や家賃等の毎月支払いが求められる類の決済について、銀行自動引落しが実現。1986年には、NETS[15] EFTPOS（NETS Electronic Funds Transfer at Point-of-Sale）が導入され、消費者は自身のATMカードを用いて、店舗購入に対する支払いをPOSにて行うことが可能となっ

第10章　シンガポールにおけるデジタル化の進展　295

た。

90年代から2000年代初頭にかけて、NETS CashCardによる高速道路や駐車場における料金支払い、EZ-Link Cardにより、公共交通におけるいわゆるタッチ&ペイでの料金支払いなど、「公共交通機関におけるリンケージ」に歩みを進める。

2014年には、FAST（Fast and Secure Transfers）と呼ばれる24時間・365日即時の電信振込サービスの導入により、（異なる銀行の口座間を含めた）銀行口座間の、また個人消費者及び企業間での支払い手段にブレークスルーをもたらすことになる。

B）「PayNow」の導入（「C2C」、「B2C」、「B2B」における電子決済環境の整備）

上記のFASTシステムは、全ての銀行が参加可能なオープン性、加えて、追加的に新たな機能を付加できる柔軟性を備えており、2017年以降、シンガポールは、このFASTシステムを基盤に、国民の多くが所有するスマートフォンを活用し、「C2C」、「B2C」、「B2B」、そして最後に「C2B」という4段階のステップで段階的かつ体系的に電子決済環境の整備を進めることになる。

2017年7月、携帯電話番号又は身分証明番号のみで銀行口座間送金を可能とする "PayNow" サービスが導入される。シン

15　NETS（Network for Electronic Transfers）は、1985年にシンガポールの電子決済を促進すべく、地場銀行のコンソーシアム（DBS、OCBC、UOB）により設立された電子決済サービスプロバイダー。

ガポールでは、当時既に各主要銀行がそれぞれ異なるモバイル決済サービスを提供している状況にあったが、提供銀行によってアプリや送金の仕組が異なっていることに加え、当該サービス提供銀行のみでの取引が中心であった。この点、PayNow導入により、参加銀行[16]のシンガポールの銀行口座を保有してさえいれば、異なる銀行の口座間でも、相手の銀行口座番号を知らずとも、携帯電話番号又は身分証明番号のみで容易に送金することが可能となり、Ｃ２Ｃはもとより、企業による給与や保険金等の支払いなどB２C決済にも活用の途が開かれることとなった。

2018年8月には、PayNowの機能をB２Bにおける支払いまで拡張する "PayNow Corporate" が導入される。PayNow Corporateでは、個人における携帯番号や身分証明番号の代わりに、"UEN（Unique Entity Number)" と呼ばれる企業登録番号を通じて決済を行うことが可能となっており、同年8月の導入後、1ヶ月足らずで約4万の企業がこれに参加している。

C）　国内共通ＱＲコード（「SGQR」）の導入

上述のとおり、シンガポールは、2017年以降、PayNowを通じ、「Ｃ２Ｃ」、「B２C」、「B２B」のフェーズにおける即時の電子決済環境を相次いで整備したところであるが、「Ｃ２B」については、例えば、各消費者が各企業の企業登録番号

---

16 DBS/POSB、OCBC、UOB、シティバンク、HSBC、メイバンク、スタンダードチャータード銀行、中国銀行、ICBCの9行。

（UEN）を認識していることは期待できず、かつ、これを入力して店舗での購入代金の支払いを行うようなことは期待できない。

そこで発展したのが、UENやその他支払いの詳細を読み取ることのできるQRコードであり、消費者は、自らの携帯電話などでQRコードをスキャンして決済を行うことができる。

QRコードを用いた決済システムには、地場大手銀行、クレジットカード会社、通信会社、配車アプリサービスなど、さまざまな事業者が相次いで参入したため、飲食店や小売店では、QRコードを決済事業者毎に設置する必要があり、レジには複数の端末が並ぶといった状況が見られるようになった（上記3．(1)①参照）。

こうした状況を背景に、政府は、MASとIMDA（情報メディア通信省）主導で、国内共通QRコードの策定に向けた取組みを進め（政府・業界で構成する決済委員会（ペイメント・カウンシル）の下に作業部会を設置）、2018年9月、「SGQR」を導入するに至った。

「SGQR」は、携帯番号や身分証明番号、企業登録番号を用いた上述の送金システム「PayNow」の他、地場電子決済機関の「NETSペイ」、地場配車アプリ大手Grabの「GrabPay」、各銀行が提供する決済アプリをはじめ、国内全27のモバイル決済システムに適用され、国内約1万9,000以上の決済用QRコードが「SGQR」に置き換えられることとなった。「SGQR」の利用は、使用したいモバイル決済アプリをスマートフォン上で開

き、店頭のSGQRをスキャンして画面上で金額を打ち込み、支払いボタンを押すだけであり、利用者側にとっては利用する決済アプリに関わらず、単一のQRコードで決済できるとともに、店舗側にとっても、代金の受取りを端末上で容易に確認できるほか、決済事業者毎に複数のQRコードや決済端末を用意する必要がなくなるため、コスト削減にも寄与している。

D）　非金融機関（FinTech企業等）へのアプローチ（FASTシステムの拡張）

「SGQR」の導入は、キャッシュレス決済環境構築に向けたインフラ整備への大きな進展であるが、シンガポール政府は、「未だ国内の電子決済関連のインフラシステムは不十分」と見ている。FinTech企業をはじめとする非金融機関が提供する決済サービス（デジタル・ウォレットなど）では、クレジットカードや銀行からの送金、窓口での現金払いなどを通じて、デジタル・ウォレットに入金する必要があり、提携銀行の口座がなければ、全てのサービスを完全にノー・キャッシュで利用することは出来ない状況である。

こうした問題意識から、政府は、更なる電子決済インフラの機能向上策として、非金融機関とFASTとのリンケージを目指し、業界関係者からなる作業部会を設置し議論を開始している。FinTech企業などの非金融機関がFASTにリンク可能となれば、「非金融機関事業者の電子ウォレット」と「個人の銀行口座」間の送金をよりシームレスに行え、顧客獲得のための銀

［参考］　シンガポールの電子決済の歩み

① インターバンク決済の実現

1984年：GIRO（General Interbank Recurring Order）により、公共料金や家賃等の毎月支払いが求められる類の決済について、銀行自動引落しが可能に。

1986年：NETS EFTPOSの導入により、ATMカードを用いたPOSでの支払いが可能に。

② 公共交通機関のリンク

1996年：NETS CashCardを用いた高速道路や駐車場における料金の支払いが可能に。

2002年：EZ-Link Cardにより、公共交通におけるタッチ＆ペイが可能に。

2009年：NETS FlashPayにより、公共交通、コンビニ、スーパーマーケットによる決済が非接触型の方法で可能に。

③ 即時決済の実現

2014年：FAST（Fast and Secure Transfers、即時電信振込サービス）により、個人・ビジネス両面で即時決済が可能に。

④ 相互運用性の向上

2016年：UPOS（Unified point-of-sale）により、1端末で全てのカード（通常のクレジットカード、デビットカード、非接触型カード）の決済を受入れ可能に。

2017年：PayNowにより、NRIC（国民番号）や携帯番号入力のみで送金可能に。

2018年：PayNow Corporateにより、企業登録番号のみでBtoBの送金が可能に。
SGQR導入により、BtoCを含めたキャッシュレスの基盤が確立。

（出所）　筆者作成。

行、非金融機関間の競争が高まり、顧客にとってより利便性、付加価値の高いサービス提供に繋がるものとして期待されている。

③　電子決済環境整備に向けたシンガポールのマインドセット

　電子決済環境整備に向けたシンガポールのマインドセットについても言及しておきたい。上記②において引用したリー・シェンロン首相の *"In Singapore, we too have e-payments, but we have too many different schemes and systems that do not talk to one another."* とのフレーズは、中国における最近の電子決済の目覚ましい進展と利便性に言及し、これと対比する形で述べられたものである。しかしながら、シンガポールは、自国の決済環境を中国におけるそれとは異なるアプローチで進めるという強い矜持を持っている。

　中国など一部の国では、1つあるいは2つの大手プレイヤーがマーケットを独占しており、消費者は1つあるいは2つの電子決済ツールさえ持っていれば、どこでも電子決済を行うことができる状況にある。他方、シンガポールの場合、上述したように多くの企業が競合する過程の中で様々な電子決済ツールが出現してきたという背景があり、中国のように、より最近になって電子決済が爆発的に普及してきた国々とは出発点が異なっている。

　また、1つ2つの大手プレイヤーがマーケットを独占することは、消費者に短期的な利便性をもたらし得る一方、一部のプ

レイヤーが著しいマーケット支配力を行使する場合、特に、全ての取引や顧客データを独占されるような状況に陥った場合、長期的には、競争力の欠如に起因するイノベーションの減退、顧客に対する不公平な価格設定などの弊害が生じ得る。それが故にシンガポールは、意識的に統一された単一の決済手段を採用するのではなく、競争を促進しつつも、相互運用可能で、利便性の高い決済手段の選択肢を消費者に提供し、イノベーションを促進するという考え方を電子決済に関する原則的アプローチとして採用しているのである。「SGQR」はシンガポールのそうした考え方が表れている最たる例であろう。

(2) 規制面でのアプローチ

デジタル化の進展による様々なサービス展開がもたらす利便性向上は、新たなリスクの出現と表裏の関係にあり、これに伴う利用者保護も重要であることは言うまでもない。シンガポールにおいても、こうした点を意識した取組みも種々進めている。本項では、最近の規制環境面での動きについて、2点言及する。

① Payment Services Billの成立

2019年1月、電子決済の規制を強化するPayment Services Bill（決済サービス法）が成立した。

従来のシンガポールの決済分野における規制は、決済システム法（PSOA：Payment Systems Oversight Act）と両替・送金

業法（MCRBA：Money-Changed and Remittance Business Act）に分断されていた。FinTechの進展に伴い、決済システム、前払式支払手段、送金サービスなど、両法の規制対象の境界があいまいになりつつあるとともに、仮想通貨を用いたサービスをはじめ、従来の規制枠組みのいずれにも当てはまらないような新たな決済業者も出現してきている。特に、店頭での受取りを前提としていた従来型の送金ビジネスは、FinTech企業により、銀行口座からの直接送金が可能となるなど、こうした状況が顕著である。また、様々な決済サービスが提供される中、クロスボーダー、オンラインの取引を含め、1業者が複数の決済システムや前払式支払手段からの取引を受注するなど、ビジネスの複雑化・相互関連性の増大もみられる。この他、テクノロジーの進展に伴い、サイバーアタックや個人情報漏えいリスクなど、新たなリスクも顕在化している。

　こうした状況の中、MASは、特定の決済システム等にフォーカスする従来の規制の枠組みよりむしろ、アクティビティベースの規制とした方が、顧客保護やガバナンス等の特定のイシューへの対処が容易であるとともに、サイバーセキュリティ等への問題にもフレキシブルな対応が可能となりえ、結果として決済サービスを巡る信頼性向上と利用促進に寄与するとの考え方のもと、両法を統一する新たな規制の策定・導入に至る。

　新法のもとでは、決済関連サービスを提供する事業者に対するライセンス制度の枠組みを設け、規制対象を従来型のエンティティ・ベースでの規制から、決済関連サービスを7つのア

第10章　シンガポールにおけるデジタル化の進展　303

クティビティに分類し、リスクに応じて規制を課す枠組みを設けている。

　具体的には、①口座発行サービス、②国内送金サービス、③海外送金サービス、④アクワイアリング（加盟店獲得）サービス、⑤電子マネー発行サービス、⑥デジタルトークン・サービス、⑦両替サービスの７つのアクティビティを定め、各アクティビティの特性に応じたリスク（マネーロンダリング・テロ資金供与リスク、（破綻等による支払不能からの）利用者保護、相互運用性、テクノロジーリスク）に対する規制を課す[17]こととしている。

　また、同ライセンス制度に加え、金融の安定性に影響を与える可能性のある決済システムについては、これを「指定」できる枠組みを設けている。例えば、シンガポールドルのオンライン・インターバンク決済システムであるMEPS+（MAS Electronic Payment System）を通じて提供される銀行間サービスは、消費者や加盟店に直接影響を与えるものではなく、またライセンス可能なアクティビティが有するリスクをもたらすものではないが、MEPS+そのものはシンガポールにとって重要な決済システムであり、その運用が中断されると、シンガポールの金融システムに対する全体的な混乱が引き起こされる可能性があるといった観点を踏まえたものである。また、マーケットに独占的な企業が現れた場合など、MASは他の１つの決済

17　各アクティビティがもたらすリスクに比例するよう、規制要件が調整される枠組みとなっている。

304　Ⅲ　デジタル化が進む中でのイノベーションの動き

［参考1］ Payment Services Bill導入以前の従来の枠組み

主な決済システム
① "MEPS＋"（MAS Electronic Payment System） ：MASがオペレーション、ガバナンス含め管理 ② "SGDCCS"（Singapore Dollar Cheque Clearing System）、 "USDCCS"（US Dollar Cheque Clearing System）、"IGB" （Inter-bank GIRO system）、"FAST"（Fast And Secure Transfers） ：民間による所有運営、ガバナンスはMAS及び銀行協会で構 　成する"SCHA"（Singapore Clearing Association）が実施 ③ "NETS EFTPOS"（NETS Electlic Fund Transfers at Point of Sale） ：民間がガバナンス含めすべて運営
主な決済手段
① 国際カード決済、前払式支払手段（商品券、交通パス、Eウォ レット等） ：各民間事業者が独自のルールに基づきサービスを提供 ② 送金サービス ：シンガポール国民、外国人労働者の多様な決済ニーズに応 　え、幅広いレンジの送金オプションが存在
決済関連法規制
① PSA法（Payment Systems Oversight Act） ：金融システム安定と決済システムの信頼性確保の観点か 　ら、「決済システム」及び、顧客資産保護の観点から、「前 　払式支払手段」を規制。 ② MCRB 法（MCRBA:Money-Changed and Remittance Business Act） ：送金ビジネス、両替ビジネスのライセンス・監督にフォー 　カスし、「送金サービス」を規制

（出所）　筆者作成。

［参考２］ Payment Services Billにおける規制対象

規制対象アクティビティ	アクティビティが もたらし得るリスク
① **口座発行サービス**（Eウォレットやノンバンクのクレジットカードなど、シンガポール国内における決済アカウントの発行、維持、管理） ② **国内送金サービス**（国内送金サービスの提供（ペイメント・ゲートウェイや、キオスク・サービスなども含む）） ③ **海外送金サービス** ④ **マーチャント・アクワイアリングサービス**（シンガポールでのアクワイアラー・サービスの提供（オンライン決済ゲートウェイの提供なども含む）） ⑤ **電子マネー発行サービス** ⑥ **仮想通貨サービス**（仮想通貨の売買、又は、仮想通貨の取引プラットフォームの提供） ⑦ **両替サービス**（シンガポール国内における外貨の売買）	➤**マネーロンダリング・テロ資金供与** ➤**利用者保護** ➤**相互運用性** ➤**テクノロジーリスク**

(出所) 筆者作成。

システムを指定し、これを競争に参加させることで、マーケットが独占されないようにすることも念頭に置いている。

② サイバーセキュリティ対策

　シンガポール政府は、デジタル化の進展とともに惹起される

サイバーセキュリティ上の懸念に対応するための取組みにも注力している。

CSA（Cyber Security Agency of Singapore）が公表する年次報告「Singapore Cyber Landscape 2017」によれば、シンガポールにおける2017年のサイバー攻撃件数として、フィッシング23,420件、ウェブサイト改竄2,040件、マルウェア攻撃（有害ソフトウェア、コード、ウイルス等）を受けたサーバー台数750台、サイバー犯罪件数5,040件などが挙げられている。また、サイバー攻撃関連の重大事案として、国防省から850件の個人情報流出（2月）、シンガポール国立大学・南洋工科大学の標的型攻撃被害によるデータ流出（5月）、2016年10月の配車アプリ大手Uberによるデータ流出事案でシンガポール顧客38万人への影響が判明（12月）したこと等が紹介されている。この他、2018年7月には、Singhealth（シンガポール医療グループ）における大規模個人情報流出事故が発生している[18]。

シンガポールが国策として進めるSmart Nation構想に対する国民の不安の声も寄せられるようになり、上述のような流れと相前後し、2018年2月、政府は、以下を概要とするサイバーセキュリティ法を施行するに至っている。

同法では、国の重要インフラとして11分野（①政府機関、②

---

18 Singhealthのシステムがサイバー攻撃を受け、150万人に及ぶ個人情報（治療情報、処方箋情報などの医療データ）が流出した重大事案であり、更に、同個人情報の中には、政府首相の医療データも含まれていたとの報道もある。

第10章　シンガポールにおけるデジタル化の進展　307

保安、③ヘルスケア、④情報通信、⑤銀行・金融、⑥エネルギー、⑦水道、⑧メディア、⑨陸上輸送、⑩航空輸送、⑪会場輸送）を指定した。その上で、「重要インフラ所有者」は、CSA庁による精査対象となり、同所有者に対しては以下（①～④）が義務づけられ、これらの義務の懈怠に対しては、罰則として最高10,000Sドル（約800万円）の罰金若しくは2年の懲役またはその両方が課される（①重要インフラのサイバー対策に掛かる性能、実施基準、リスクアセスメントについて、CSAへの報告、②サイバーセキュリティ演習への参加、③CSAからの監査（少なくとも2年に1回）、④事故発生時におけるCSAへの報告）。

また、金融分野では、2018年9月、MASが、銀行に対するサイバーセキュリティの規則を厳格化する方針を発表し、これまで技術リスク管理指針として任意での順守を求めていた対策を義務化する旨表明している。具体的には、

・システムセキュリティに欠陥が見つかった場合、直ちに矯正する、

・堅固なシステムセキュリティを確立・施行する、

・システム接続の安全確保のためセキュリティ機器を設置する、

・悪意あるソフトによる感染のリスク軽減のためアンチウイルス・ソフトをインストールする、

・システム構成に手を加えることのできるシステム管理者アカウントの使用を制限する、

・重要なシステムの管理者アカウントのユーザー認証を強固に

する、

ことなどが盛り込まれている。

4．おわりに

　小国たるシンガポールにとっては、デジタル技術をいち早く取り込み、生産性の向上を図っていくことが、国際競争を生き残り、将来に向け持続的な成長を続けていく数少ない道である。2014年以降、Smart Nation構想のもと国を挙げた施策として、強力にデジタル化に向けた取り組みを進めてきたことで、先進技術を駆使するFinTech企業の集積、従来型の金融機関による新たなサービス展開の追求など、利便性の高いサービスが競争とイノベーションのもとで発展する環境が整ってきている。特に、電子決済分野ではそうした変化が顕著にみられる。

　各国において置かれた状況に相違があるため、必ずしも他国の事例をそのままトレースできるものではないが、こうしたシンガポールにおける官民挙げたデジタル化に向けた取組みの中には、日本にとっても、有益な示唆が含まれているものと思われる。

【参考文献】
JETROシンガポール事務所（2018）「2017年度日本発知的財産活用

ビジネス化支援事業エコシステム調査〜シンガポール編〜」。

みずほ総合研究所（2018）「シンガポールのFinTech振興」。

BIS（2017）"Recent developments in payment systems", Committee on the Future Economy（2017）, "Report of the Committee on the Future Economy- Pioneers of the next generation".

CSA（2018）"Singapore Cyber Landscape 2017".

DBS（2016）"DBS furthers commitment to shape future of banking with launch of new innovation facility".

DBS（2017）"DBS to invest SGD20 million over five years to transform employees into digital workforce, in support of Singapore's aim to be smart financial centre".

DBS（2016）"DBS launches India's first mobile-only bank, heralds 'WhatsApp moment in banking'".

DBS（2017）"DBS launches digibank, an entire bank in the phone, in Indonesia".

DBS（2018）"DBS launches Singapore's first holistic digital financial advisor "Your Financial GPS"".

EY（2018）"ASEAN FinTech Census 2018".

Grab（2018）"Grab and Mastercard to launch prepaid cards for Southeast Asia's 400 million unbanked".

Grab（2019）"ZhongAn and Grab Form JV to Create Digital Insurance Marketplace in SE Asia".

MAS（2017）" Consultation Paper on Proposed Payment Services Bill", http://www.mas.gov.sg/~/media/resource/publications/consult_papers/2017/Consultation%20on%20Proposed%20Payment%20Services%20Bill%20MAS%20P0212017.pdf

MAS（2018）" Response to feedback received, Proposed Payment Services Bill", http://www.mas.gov.sg/~/media/resource/

publications/consult_papers/2017/Response%20to%20
Feedback%20Received%20on%20Proposed%20Payment%20
Services%20Bill%20MAS%20P0212017.pdf

Ong Ye Kung（2018）"E-Payments for Everyone", the 45th
Annual Dinner of The Association of Banks in Singapore.

Ravi Menon（2015）"A Smart Financial Centre", Global
Technology Law Conference 2015.

Smart Nation and Digital Government Office, https://www.
smartnation.sg/

UOB（2017）"State of FinTech in ASEAN".

UOB（2018）"FinTech in ASEAN The Next Wave of Growth".

UOB（2019）"UOB and Grab flag off strategic alliance with
integrated suite of digital initiatives and customer benefits".

World Bank（2017）"The Global Findex Database2017".

[参考1] 2018−2019年の動き

年	月	政府	銀行等	非金融機関
2018年以前		【2014年6月】「日本再興戦略」改訂「2014」閣議決定（おもてなし・ビック開催等、利便性・効率性の向上） 【2015年6月】「日本再興戦略」改訂「2015」閣議決定（クレカ決済の利便性向上、公的分野の電子決済の利用拡大） 【2016年6月】「日本再興戦略」改訂「2016」閣議決定（観光立国） 【2017年6月】「未来投資戦略2017」閣議決定（フィンテック活用、キャッシュレス決済比率4割目標）	【2001年5月】セブン銀行　営業開始（当初アイワイバンク、2005年に名称変更） 【2017年7月】「銀行Pay」提供開始（GMOが決済システムをOEM提供） ※2019年10月現在参加行：横浜、ゆうちょ、福岡、親和、熊本、沖縄、北陸、北海道、広島、りそなグループ 【2017年12月】飛騨信用組合「さるぼぼコイン」リリース（電子地域通貨）	【2013年3月】交通系ICカード　全国相互利用サービス開始 【2014年12月】LINE Pay「LINE Pay」サービス提供開始 【2016年5月】Origami「Origami Pay」サービス提供開始 【2016年10月】楽天「楽天ペイ」サービス提供開始
2018	1	・金融庁　コインチェック社に業務改善命令 ※顧客からの預かり資産5億2,300万XEM（580億円相当）が流出		
	2			
	3			
	4	・経済産業省「キャッシュレス・ビジョン」公表		・NTTドコモ　QRコード決済の「d払い」サービス提供開始

年	月	政　府	銀行等	非金融機関
	4			※非接触対応のクレジットブランド「iD」は2005年よりサービス提供
	5			
	6	・「経済財政運営と改革の基本方針（骨太方針）2018」（キャッシュレス化を推進（環境整備、全国各地に展開）） ・「未来投資戦略2018」を閣議決定（産官学によるキャッシュレス推進協議会を2018年中に設置）		
	7			
2018	8			
	9			
	10		・全銀協「モアタイムシステム」稼働（平日夜間・土日祝日も即時入金可能） ・ローソン銀行　銀行サービス開始 ・SBI Ripple Asia「Money Tap」サービス開始	・PayPay（ソフトバンク・ヤフーの合弁会社）「PayPay」開始
	11		・LINE・みずほ共同「LINE Bank」設立を発表	
	12	・中小企業等のキャッシュレス決済時のポイント還元を盛り込んだ平成31年度予算政府案を閣議決定	・全銀協「全銀EDIシステム」稼働開始（企業間の送金電文に商流情報等の添付が可能なXML電文形式へ移行）	

年	月	政　府	銀行等	非金融機関
2019	1			・メルカリ「メルペイ」サービス提供開始
	2		・MUFG　新型ブロックチェーン技術を基盤とする新ネットワーク事業を発表 「Global Open Network株式会社」の共同設立（Akamaiと共同設立） ・三井住友カード、GMO、VISA 次世代決済プラットフォーム事業に関する基本合意を発表	
	3		・みずほ銀行「J-Coin Pay」提供開始	
	4	・新元号「令和」公表 ・財務省　新紙幣（2024年度上期を目途）・新硬貨（2021年度上期を目途）の発行を発表	・日本電子決済推進機構 オールバンクのスマホ決済サービス「Bank Pay」秋からのサービス提供開始を発表	・KDDI「au PAY」サービス提供開始
	5	・総務省　JPQR普及事業の参画企業を発表（一般社団法人キャッシュレス推進協議会の統一QRコード） ・「情報通信技術の進展に伴う金融取引の多様化に対応するための資金決済に関する法律等の一部を改正する法律」成立	・ゆうちょ銀行「ゆうちょPay」サービス提供開始	

年	月	政　府	銀行等	非金融機関
2019	6	・「経済財政運営と改革の基本方針2019」（骨太方針）（キャッシュレス化を推進、ポイント還元事業、行政と民間の共同利用型キャッシュレス決済基盤の構築、観光の活性化） ・G20貿易・デジタル経済大臣会合閣僚声明に「データフリーフローウィズトラスト（信頼性のある自由なデータ流通）」が盛り込まれる		・Facebook　暗号資産「Libra（リブラ）」計画を公表
	7			・ファミリーマート「ファミペイ」サービス提供開始【7月1日】 ・セブン＆アイ・ホールディングス「7pay（セブンペイ）」サービス提供開始【7月1日】 ・セブン＆アイ・ホールディングス、「7pay」の不正利用が発覚し、チャージ機能を停止【7月3日】 ※被害状況：808人・約3,862万円（7月31日時点）
	8			・セブン＆アイ・ホールディングス「7pay」の9月30日でのサービス廃止を発表【8月1日】
	9		・三菱UFJ銀行、三井住友銀行が店舗外ATMの共同利用を開始	

(出所)　各企業の公表資料、新聞報道資料より当研究所作成。

[参考２] 「デジタル時代のイノベーションに関する研究会」開催
実績　　　　　　　　　　　　　　　　　（役職は研究会開催時）

■第１回会合　2018年12月18日（火）13：00－15：00
　　　　　　　　於：財務省４階　第１会議室
・報告「キャッシュレス化の世界的な進展と日本の現状」
　酒巻　哲朗　　財務省財務総合政策研究所副所長
・講演「中国のモバイル決済ビジネスの現状と日本への示唆」
　矢作　大祐　　株式会社大和総研金融調査部課長代理／研究員
・現地出張報告（中国）
　柳川　範之　　東京大学大学院経済学研究科教授

■第２回会合　2019年１月15日（火）14：00－16：00
　　　　　　　　於：財務省４階　第１会議室
・講演「デジタル時代のイノベーション－みずほの取り組み－」
　山田　大介　　株式会社みずほ銀行専務執行役員デジタルイノ
　　　　　　　　　　ベーション担当役員　兼　株式会社Blue Lab代
　　　　　　　　　　表取締役社長
・報告「キャッシュレス化と決済サービスの変化」
　淵田　康之　　株式会社野村資本市場研究所シニアフェロー
・報告「キャッシュレス化が進んだ場合の金融政策の論点」
　藤木　裕　　　中央大学商学部教授

■第３回会合　2019年４月９日（火）10：00－12：00
　　　　　　　　於：財務省４階　第１会議室
・講演「MUFGのデジタル・トランスフォーメーション～ビジネ
　　　スモデル変革への挑戦～」
　髙橋　秀　　　株式会社三菱UFJフィナンシャル・グループ　デ
　　　　　　　　　　ジタル企画部副部長
・報告「キャッシュレス化の政策的インプリケーション」

渡辺　智之　　一橋大学大学院経済学研究科教授
・報告「韓国におけるキャッシュレス化の動向」
中尾　　睦　　財務省財務総合政策研究所副所長

■第4回会合　2019年4月19日（金）10：00－12：00
　　　　　　　於：財務省4階　第1会議室
・報告「スウェーデン・ドイツにおけるキャッシュレス化の現状
　　　と課題」
小部　春美　　財務省財務総合政策研究所副所長
奥　　　愛　　財務省財務総合政策研究所総務研究部総括主任
　　　　　　　研究官
上田　大介　　財務省財務総合政策研究所総務研究部主任研究
　　　　　　　官
井上　　俊　　財務省財務総合政策研究所総務研究部研究員
小見山拓也　　財務省財務総合政策研究所総務研究部研究員
佐野　春樹　　財務省財務総合政策研究所総務研究部研究員
・報告「キャッシュレスの普及に関する経済分析」
木村　遥介　　財務省財務総合政策研究所総務研究部研究官

キャッシュレス・イノベーション
──決済手段の進化と海外事情

2019年12月24日　第1刷発行

編　者　財務省財務総合政策研究所
発行者　加藤　一浩

〒160-8520　東京都新宿区南元町19
発 行 所　一般社団法人 金融財政事情研究会
企画・制作・販売　株式会社きんざい
出 版 部　TEL 03(3355)2251　FAX 03(3357)7416
販売受付　TEL 03(3358)2891　FAX 03(3358)0037
URL https://www.kinzai.jp/

校正：株式会社友人社／印刷：三松堂株式会社

・本書の内容の一部あるいは全部を無断で複写・複製・転訳載すること、および
磁気または光記録媒体、コンピュータネットワーク上等へ入力することは、法
律で認められた場合を除き、著作者および出版社の権利の侵害となります。
・落丁・乱丁本はお取替えいたします。定価はカバーに表示してあります。
ISBN978-4-322-13493-3